日建学院

2024

どこでも！学ぶ 宅建士

法改正対応 出るとこポイント

超整理

はじめに

　本書『**宅建士 法改正対応　出るとこポイント超整理**』は、分野ごとに「**重要度＝出題可能性**」が高く合格に不可欠な知識を厳選し、覚えやすいよう、とことん整理した「**要点整理集**」です。

　宅建試験の受験には、広い範囲の知識が必要とされていますが、覚えるべきポイントさえ確実につかめれば、そこを効率的に攻略し、短期間で合格に必要な知識を習得することが可能です。そのためには、**最小限の労力でポイントを確認・記憶するためのアイテム**が必要です。

　こうしたニーズを受け、本書は、**今年度の本試験での出題の"ヤマ"となるべき事項**を、図やチャートを用いて解説し、**短期集中型の学習**に役立つように整理しました。また、**ヤマ**とともに、正解を導くために必要な**関連事項**も、バランスよく配置しています。本書は、"**最短距離で合格！**"を目指す直前期の受験生の皆さんにとって、**最良のナビゲーター**となることでしょう。

　受験生の皆さんが、本書を含めた『宅建士 一発合格！シリーズ』をしっかり活用し、令和6年度本試験に見事合格されますことを、日建学院講師一同、心からお祈りしております。

2024 年 2 月
日建学院／宅建講座講師室

● 法改正・統計情報等のご案内 ●

　本書は、令和6年2月1日施行中の法令および令和6年4月1日までに施行されることが判明している法令に基づいて編集されています。

　本書編集時点以後に発生した「法改正」および「最新の統計情報」等につきましては、弊社HP内でご案内いたします。ご確認ください（2024年8月末日頃〜公開予定）。

HPにアクセス！ ▶ https://www.kskpub.com ➡ **おしらせ(訂正・追録)**

本書の利用法

3段階の「重要度」

本書は必須項目のみを収録していますが、さらに学習の優先順位を明確にするため、出題可能性が高い順にS（特に重要）、A（重要）、B（できれば押さえておきたい）の3段階で、重要度を表示しました。「S」からどんどんマスターしていきましょう！

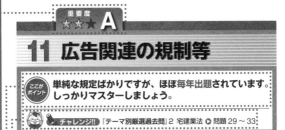

重要度
★★★ A

11 広告関連の規制等

ここが
ポイント
単純な規定ばかりですが、ほぼ毎年出題されています。
しっかりマスターしましょう。

チャレンジ!! 『テーマ別厳選過去問』2 宅建業法 ◯ 問題29〜33

1 誇大広告等の禁止

10年間に
9回出た!

　宅建業者は、その業務に関して、次のような誇大広告等をしてはならない。違反すると、6か月以下の懲役・100万円以下の罰金に処せられる。

誇大広告	物件や取引条件に関し、著しく事実に相違し、または実際のものより著しく優良・有利であると誤認させる表示
おとり広告	●実際に存在しない物件の表示 ●取引する意思のない物件の表示

危険!
ここに注意
実際に損害が発生しなくても、広告をすれば違反となる。

2 広告開始時期等の制限

10年間に
11回出た!

　未完成物件に関する広告や契約は、その開始時期について、次のような制約を受ける。

開始時期	建築確認や開発許可等、物件の完成に必要とされる許可等を受けるまでは、禁止される。
禁止行為	●広告 ◯ 売買・交換・貸借 ●契約 ◯ 売買・交換（貸借は禁止されない）

140

「ここがポイント」

章ごとのポイントや学習法をズバリ指南しています。必ず一読してから内容に入りましょう。

「問題にトライ!!」

本書の姉妹本『テーマ別厳選過去問』の参照問題番号です。本書でポイントをきっちりマスターしたら、該当する問題にトライして、知識が定着したか確認しましょう。

シートで隠して覚えよう

試験で「キーワード」となる部分や問題を解くために必須となる知識を、「赤文字」にしています。付属の赤シートでチェックしながら学習して、どんどん覚えていきましょう。

10 年間（計 12 回）の出題回数

過去 10 年間の出題頻度を明示しています（令和 2・3 年度は年 2 回（10 月・12 月）としてカウント）。ひとめでよく出る箇所がわかりますので、出題回数の多いところから重点的に学習してください。

法改正をチェック！

今年の宅建試験で重要な法改正点にアイコンをつけました。特に注意しましょう。

3　取引態様の明示

☐ OK

11

10年間に
9回出た！

① 法改正

広告関連の規制等

　宅建業者は、広告をするとき、及び注文を受けたときは、請求の有無にかかわらず、自らが当事者（**自ら売主**）か・媒介か・代理か、あるいは売買・交換・貸借のどのケースであるか、の区別を明示しなければならない。

 危険！
明示方法に制限はなく、また、宅地建物取引士がしなければならない事務ではない。
ただし、「自ら貸借」は宅建業ではないので、明示不要。

4　供託所等に関する説明

☐ OK

10年間に
2回出た！

　宅建業者は、取引の相手方等（宅建業者を除く）に、契約が成立する～～た供託所の名称及び所在～～るようにしなければならな

「危険！ 落とし穴」

盲点になりやすい箇所や勘違いしやすいポイント、本試験で特にねらわれやすい知識や注意箇所を明記しました。

「確認 OK！」のチェックボックス

「マスターできた」と自信のついた項目には、チェックマークを付けていきましょう。
繰り返し学習をしていく中で、空欄がどんどん減っていきます。最後までチェックが付かなかった項目が、あなたの最弱点箇所です。

 この章でゼッタイ覚えよう!!
- 誇大広告やおとり広告は、実害がなくても禁止。
- 未完成物件は、建築確認等を受けるまで、広告も契約も禁止。ただし、貸借の契約のみは可。
- 広告時と受注時は、請求がなくても取引態様を明示。
- 契約締結前に、供託所等の説明が必要。

「この章でゼッタイ覚えよう!!」

その章で、特に覚えておくべき知識のまとめです。本番直前には、ここだけを何度も見直せば、スピーディーに全体を復習することができます。どんなに苦手な分野や学習しづらい項目でも、最低限ここだけは押さえましょう。

目次

第 **1** 編 権利関係

第2編 宅建業法

第3編 法令上の制限

宅建試験ガイダンス

■ 試験概要（予定）

*正式な日程等は、**令和6年6月上旬頃に発表される実施公告や7月上旬以降に配布される試験申込書**などで、必ずご確認ください。

- **受験申込受付**　郵送申込み：7月1日（月）～7月16日（火）
  インターネット申込み：7月1日（月）～7月31日（水）
- **本試験日**　10月第3日曜日
- **受験資格**　年齢・国籍等にかかわらず、誰でも受験できます。
- **出題形式**　4肢択一式（マークシート）、50問。
  試験時間は13：00～15：00、2時間。
  ただし、登録講習修了者（＊）は、「5問免除」のため45問の試験。試験時間は13：10～15：00、1時間50分。

  ＊：宅建業の従事者で、登録講習の課程を修了した者。
  日建学院も登録講習機関です。

- **受験手数料**　8,200円
- **合格発表日**　11月下旬頃
- **試験実施機関**　（一財）不動産適正取引推進機構
  （TEL）03-3435-8181　（URL）https://www.retio.or.jp/

■ 過去10年間（12回）の分野・科目別出題数と合格基準点等（参考）

科目 ＼ 平成(年度)	H26	H27	H28	H29	H30	R元	R2(10月)	R2(12月)	R3(10月)	R3(12月)	R4	R5
権利関係	14問	14問	14問	14問	14問	14問	14問	14問	14問	14問	14問	14問
宅建業法	20問	20問	20問	20問	20問	20問	20問	20問	20問	20問	20問	20問
法令上の制限	8問	8問	8問	8問	8問	8問	8問	8問	8問	8問	8問	8問
税・価格の評定	3問	3問	3問	3問	3問	3問	3問	3問	3問	3問	3問	3問
住宅金融支援機構・景品表示法・統計＊	3問	3問	3問	3問	3問	3問	3問	3問	3問	3問	3問	3問
土地・建物＊	2問	2問	2問	2問	2問	2問	2問	2問	2問	2問	2問	2問
合計出題数	50問	50問	50問	50問	50問	50問	50問	50問	50問	50問	50問	50問
合格基準点	32点	31点	35点	35点	37点	35点	38点	36点	34点	34点	36点	36点
合格率（%）	17.5	15.4	15.4	15.6	15.6	17.0	17.6	13.1	17.9	15.6	17.0	17.2

注：「＊」は、「5問免除」の対象科目です。なお、「R2・R3」は『10月・12月実施分』双方によります。

第1編

権利関係

権利関係は、範囲が広く内容もとても難解です。本書『超整理』では、よく出題されて、しかも得点しやすい項目だけに絞り込みました。ここでの内容は、最低限きっちり覚えておきましょう。

重要度 ★★★ A

1 制限行為能力者

ここがポイント 4種の**制限行為能力者**がどのように保護されているか、原則と例外に分けて整理しましょう。

 チャレンジ!! 『テーマ別厳選過去問』1 権利関係 ▶ 問題1・2

「制限行為能力者」とは、単独では完全に有効な法律行為をすることができない者のことをいい、以下の**1**～**4**のように、**未成年者・成年被後見人・被保佐人・被補助人**の4つの種類がある。

1 未成年者 OK □

18歳未満の者を**未成年者**といい、保護者である親が**法定代理人**となる。**未成年者の行為能力**は、次のようになる。

10年間に**6**回出た!

原 則（取消しできる）	法定代理人の同意または代理が必要であり、未成年者が単独で行った契約は、本人または法定代理人が取り消すことができる。
例 外（単独でできる）	●単に権利を得、または義務を免れる行為 ●許された営業に関する行為 ●法定代理人から処分を許された財産の処分

2 成年被後見人

10年間に
4回出た！

　判断能力が**欠ける**ため、家庭裁判所から後見開始の審判を受けた者を**成年被後見人**といい、成年後見人（**法定代理人**）が保護者として付けられる。**成年被後見人の行為能力**は、次のようになる。

原 則 （取消しできる）	成年被後見人が契約をするには、成年後見人の代理が必要であり、たとえ同意を得て契約しても、本人または成年後見人が取り消すことができる。
例 外 （単独でできる）	日用品の購入その他日常生活に関する契約は、単独でできる。

> **危険！**
> **落とし穴**
> 成年被後見人、被保佐人、被補助人の保護者が居住用不動産を処分するには、家庭裁判所の許可が必要である。

3 被保佐人

 OK

10年間に
1回出た！

　判断能力が**著しく不十分**なため、家庭裁判所から保佐開始の審判を受けた者を**被保佐人**といい、**保佐人**が保護者として付けられる。

原 則 （単独でできる）	被保佐人は、単独で契約をすることができる。
例 外 （取消しできる）	不動産の売買や借財等の一定の重要な財産上の行為は、保佐人の同意が必要であり、同意がない場合は取り消すことができる。

4 被補助人

 OK

10年間に
1回出た！

　判断能力が**不十分**なため、家庭裁判所から補助開始の審判を受けた者を**被補助人**といい、**補助人**が保護者として付けられる。

原 則 （単独でできる）	被補助人は、単独で契約をすることができる。
例 外 （取消しできる）	裁判所で指定された行為は補助人の同意が必要であり、同意がない場合は取り消すことができる。

5 取消し・追認

OK

10年間に 2回出た!

契約を取り消すと、その契約は**最初から無効**となる。また、取消し可能な契約は**追認**ができ、追認すると、**最初から有効な契約**として確定する。

 追認の意思表示をしなくても、代金の請求や目的物の引渡しをすると、追認したものとみなされる。

（1）取消権の行使期間

取消権は、追認できる時から 5 年間、行為の時から 20 年で時効消滅する。例えば、17 歳の未成年者が単独で不動産の売買契約をした場合、18 歳になれば追認できるから、23 歳までに取消権を行使する必要がある。

（2）取消権の喪失

制限行為能力者が、「自分は行為能力者である」とウソをつくなどして、**詐術**を用いて契約をした場合は、取消権を行使できない。

（3）制限行為能力者の取消しと第三者

制限行為能力を理由に、契約を取り消した場合、たとえ第三者が**善意・無過失**であっても、対抗できる。

6 意思能力

OK

意思能力とは、自分の行為を認識する能力である。意思表示をした時に意思能力がなかったときは、その法律行為は、無効である。例えば、幼児や酩酊者は意思能力がなく、それらの者が行った契約は、取り消すまでもなく、無効である。

- 未成年者は、原則として取り消すことができる。
- 日用品の購入等を除き、成年被後見人は、成年後見人の同意を得て契約しても、取り消すことができる。
- 被保佐人や被補助人は、原則として単独で契約できる。
- 成年被後見人等の住居の処分には家庭裁判所の許可が必要。
- 意思無能力者の契約は、無効。

2 意思表示

ここがポイント 意思表示に問題があった場合の、当事者間の効力と善意（無過失）の第三者との関係を理解しましょう。

チャレンジ!! 『テーマ別厳選過去問』1 権利関係 ➡ 問題 3 ～ 5

　本来であれば、**意思表示が合致すれば契約が成立**する。では、その意思表示に問題があった場合は、どうなるのだろうか。

【具体例】

　A 所有の不動産が、A ➡ B ➡ C と転売されたが、A・B 間の契約に B による詐欺や強迫があった、または A・B 間の契約が虚偽表示によるものだった、というような事情がある場合、① A・B （**当事者**）間の契約の効力と、② A が善意（無過失）の第三者 C に権利を主張できるかどうかが、ポイントとなる。

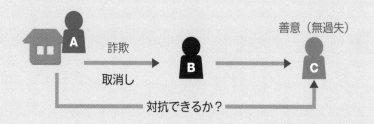

1 取消しができる場合 OK

10年間に 6回出た!

　上の図で、A が**錯誤**によって契約した場合や、B の**詐欺や強迫**を受けて A が契約をした場合、A は B との契約を取り消すことができる。しかし、善意（無過失）の C に取消しを対抗できるか否かは、**錯誤・詐欺・強迫**で、次のように異なる。

原因	概　　要	A・B間	善意・無過失の Cに対し
錯誤（注）	重大な勘違いをした	Aは、 取消し ができる	対抗できない
詐欺	だまされて行った意思表示		対抗できない
強迫	おどされて行った意思表示		対抗できる

（注）
- **重大な過失**で錯誤をしたときは、取消しの主張ができない。
- **表意者等以外**の者は、原則として、取消しを主張することができない。
- **動機**（法律行為の基礎とした事情）に錯誤があった場合は、その**動機**が相手方に明示または黙示に示されていない限り、取消しの主張ができない。

Aは、B以外の第三者から「詐欺」を受けた場合、Bが悪意・有過失の場合に限って、取り消すことができるが、第三者から「強迫」を受けた場合は、Bが善意・無過失でも、取り消すことができる。

2　無効になる場合

当事者間の契約が**無効**になるものとして、**心裡留保**、**虚偽表示**がある。

原　因	概　　要	A・B間	善意のCに対し
心裡留保	心にもないこと（嘘）を言った	無効（**注1**）	対抗できない
虚偽表示	相手方と示し合せて（通謀して）嘘の契約をした	無効	対抗できない （**注2**）

（注1）　心裡留保は、相手方が**善意・無過失**の場合（嘘を過失なく信じた場合）、有効となる。

（注2）
- 虚偽表示をした当事者は、善意の第三者が未登記であっても対抗できない。
- 第三者からさらに買い受けた転得者がいる場合、第三者と転得者の**いずれか一方でも善意**であれば、転得者に対抗できない。

ここでは、**意思表示**と関連性が高く、同時によく出題される「契約の解除」についても、併せて整理しておこう。

　Bの**債務不履行**等を理由にAが**契約を解除**した場合、Cが登記を備えていれば、AはCに、解除の効果を主張することができない。

　つまり、この場合、Cは登記を備えてさえいれば、たとえ**悪意**であっても保護される。

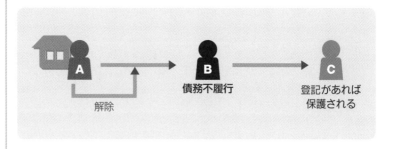

解除　債務不履行　登記があれば保護される

この章で覚えゼッタイえよう!!

● 詐欺による取消しは善意・無過失の第三者に対抗できないが、強迫による取消しは対抗できる。

● 第三者による詐欺は、相手方が善意・無過失なら取消しができないが、第三者による強迫の場合は、善意・悪意等にかかわらず、取消しができる。

● 虚偽表示の無効は、善意の第三者に対抗できない。

● 重大な過失があるときは、原則として、錯誤の取消しは主張できない。

● 債務不履行を理由に解除しても、登記を備えた第三者に対抗できない。

重要度 ★★★ **S**

3 代理–① 代理制度

ここが
ポイント

代理とは、他の者（代理人）が行ったことが、自分（本人）が行ったことと同じ結果になる制度です。

✎**チャレンジ!!**『テーマ別厳選過去問』1 権利関係 ● 問題6〜9

1 代理人の契約の効果

OK

本人Ａの代理人Ｂが相手方Ｃと契約をすると、契約から生じる**権利・義務**はすべて**本人Ａに帰属**し、代理人Ｂには帰属しない。

10年間に
2回出た!

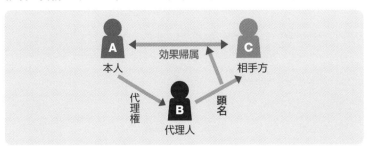

- Ｂが、「Ａの代理人である」と顕名してＣと契約を締結すると、その効果はＡとＣに帰属する。
- ＣがＢに詐欺をした ● 取消権はＡに帰属する。
- 売買した建物に契約不適合があった
  ● 担保責任はＡが負い、またはＡが追及する。
- Ｂが「Ａの代理人である」とＣに対して顕名しないと、原則、Ａに効果は帰属しないが、Ｂに代理権があることについて、Ｃが悪意または有過失のときは、Ａに効果が帰属する。

危険!
落とし穴

未成年者や成年被後見人といった制限行為能力者でも、代理人になることができ、それらの者が代理人として行った契約は、原則として、取り消すことはできない。

2 代理権の範囲と代理権の消滅

　本人の依頼によって代理権が発生するのが**任意代理**であり、未成年者の親等、法律の規定等によって代理権が発生するのが、**法定代理**である。

　それぞれの代理権の範囲と、代理権の消滅事由を整理しよう。

	代理権の範囲	代理権が消滅する事由
任意代理	依頼の内容で決まる。(注)	本　人 ▶ 死亡・破産
		代理人 ▶ 死亡・破産・後見開始の審判
法定代理	法律の規定で決まる。(注)	本　人 ▶ 死亡
		代理人 ▶ 死亡・破産・後見開始の審判

（注）● 不明な場合は、**保存・利用・改良行為**のみできる。
　　　● 本人が後見開始の審判を受けても、代理権は消滅しない。

3 自己契約と双方代理

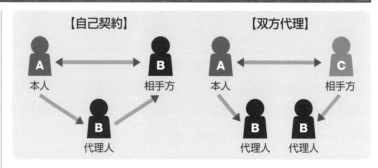

　代理人が自ら相手方となって契約をしたり（**自己契約**）、同一人が当事者双方の代理人になったり（**双方代理**）することは、原則として禁止される。ただし、**本人の許諾**があるとき、または単に**債務の履行**にすぎない場合は、例外的に許される。

4 代理権の濫用

代理人が自己または第三者の利益を図る目的で**代理権の範囲内
の行為**（濫用）をした場合、**相手方**が悪意または有過失のとき
は、無権代理行為とみなされる。

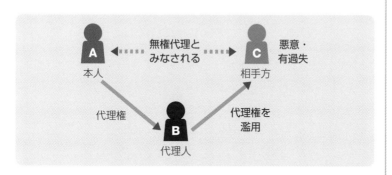

5 復代理

代理人Bが選任するCを**復代理人**といい、復代理人Cは、本
人Aを**直接に代理**する。

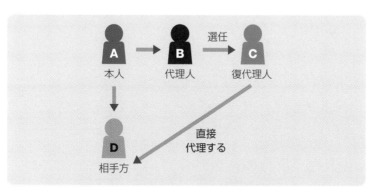

- Bの代理権は、Cを選任しても消滅しない。
- Bの代理権が消滅すれば、それを基礎とするCの代理権
も消滅する。
- Bが法定代理人の場合、自己の責任でCを選任できるが、
Cの行為について、原則として、Aに対して全責任を負う。
ただし、やむを得ない場合は、選任・監督責任のみ負う。

この章で
覚えよう!!
ゼッタイ

- 代理人が相手方に詐欺された場合は、本人に取消権がある。
- 顕名がないと本人に効果は帰属しない。ただし、相手方が悪意または有過失の場合は、本人に効果が帰属する。
- 任意代理人の代理権は、本人の死亡・破産、または代理人の死亡・破産・後見開始の審判のいずれかで消滅する。
- 自己契約・双方代理は、本人の許諾等があれば許される。
- 代理人が代理権を濫用した場合、相手方が悪意・有過失のときは、無権代理行為とみなされる。
- 法定代理人は、やむを得ない場合は、選任・監督責任のみ負う。

4 代理-② 無権代理と表見代理

 無権代理と表見代理は、試験で頻出の重要ポイント。ここで他の受験生に差をつけましょう。

チャレンジ!! 『テーマ別厳選過去問』1 権利関係 ● 問題 10・11

1 無権代理の法律関係

 OK

代理権がないのにもかかわらず、本人の代理人として相手方と契約をした者を**無権代理人**といい、その契約の効果は、原則として**本人に帰属しない**。無権代理があった場合、本人および相手方には、次のような権利が生じる。

 10年間に4回出た!

（1）本人の権利

行使できる権利	いつまで	権利を行使した効果
追　認　権	相手方の取消し前	初めから有効な代理となる
追認拒絶権		効果が本人に帰属しないことが確定する

（2）相手方の権利

行使できる権利	いつまで	相手方の要件	権利を行使した効果
本人への催告権	本人の追認前	悪意でも可	本人の確答がない ● 追認拒絶とみなす
契約の取消権		善　意	無効が確定する
無権代理人への責任追及		善意・無過失（注）	契約の履行または損害賠償を請求できる

（注）無権代理人が**悪意**の場合、相手方は**過失**があってもよい。

無権代理について、本人にも次のいずれかの責任がある場合、善意・無過失の相手方は、**本人に表見代理を主張**して、契約の履行を求めることができる。

本 人 の 責 任	具体例	相手方
代理権授与の表示	代理権を与えていないのに、与えたと表示した	善意・無過失
権限外の行為	賃貸の代理権を与えたのに売却した	
代理権消滅後	過去に与えていた代理権が消滅していた	

危険! 落とし穴

表見代理も無権代理の1つであるから、善意・無過失の相手方は、表見代理を主張して、本人に契約の履行を求めてもよいし、無権代理人に履行または損害賠償の請求を主張してもよい（どちらかを選択できる）。

3 無権代理と相続

代理権のない子が、親の財産を代理人として売却すると、**無権代理**となる。その後、この親子間で相続が発生した場合、次のような関係になる。

ケース		無権代理行為の効果
親が死亡	無権代理人である子が、単独相続	追認を拒絶できない（有効）
	無権代理人である子が、他の共同相続人と共同相続	共同相続人が**全員で追認**しない限り、有効にならない
子が死亡	本人である親が相続	追認を拒絶できる（無効） （注）

（注）無権代理人である子が、相手方に対して履行または損害賠償義務を負っていた場合、本人である親は、追認を拒絶しても、この責任を免れることはできない（免れるためには、相続放棄が必要）。

- 本人が無権代理行為を追認すると、初めから有効になる。
- 無権代理人の相手方は、悪意でも催告できるが、取消しは、善意でなければすることができない。
- 無権代理につき善意・無過失の相手方は、無権代理人に対して履行または損害賠償を請求できる。
- 表見代理は、❶代理権授与の表示、❷権限外の行為、❸代理権消滅後のいずれかで、かつ、相手方が善意・無過失の場合に成立する。
- 無権代理人が本人を単独相続した場合は、無権代理行為は有効となり、本人が無権代理人を相続した場合は、無効にできる。

5 時 効

時効は、単体での出題のほか、他の論点との複合出題も多く見られます。軽視してはなりません。

チャレンジ!! 『テーマ別厳選過去問』1 権利関係 ● 問題 12 ～ 15

時効とは、「時間」の経過によって法的な「効力」が変わるという制度である。大きく分けて、取得時効、消滅時効、**両者に共通**する事項（時効の完成猶予・更新・援用）の 3 つがある。

1 取得時効

OK

10年間に 5回出た！

　他人の所有権を時効で取得するためには、**所有の意思をもって、一定期間、その物を継続して占有**しなければならない。

（1）所有の意思

　所有の意思とは、自分の所有物として支配する意思である。

　例えば、**土地の賃借人には所有の意思が認められない**ため、どんなに長い期間占有を継続しても、その土地の「所有権」を時効で取得することはできない。

危険！ 落とし穴

何ら権原のない者でも、他人の不動産を賃借しているものと思い込み（賃借の意思）、賃料を支払って占有を継続すると、その不動産の賃借権を時効で取得することができる。

（2）占有する期間

占有の開始時に善意・無過失	10 年
悪意または有過失	20 年

 占有の開始時に善意・無過失であれば、その後に悪意になっても、開始時から 10 年間の占有で、時効は完成する。

（3）占有の方法

直接占有	自ら占有する
間接占有	他人に賃貸することによって、間接的に占有できる

（4）占有の承継

　次のように、A の占有を承継した B は、自分の占有だけ主張する場合は、善意・無過失なので 10 年で足りるため、「現在」からみて残り 2 年で時効が完成する。一方、A の占有期間をあわせて主張する場合は、A の悪意または過失等も引き継ぐため、あわせて 20 年が必要となり、さらに 4 年占有しないと、時効は完成しない。

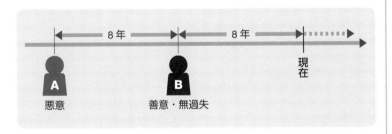

2 消滅時効

10年間に
2回出た!

　債権や地上権といった**権利**は、一定期間行使しないと時効で消滅する。ただし、所有権が消滅時効にかかることはない。

権利の種類	期　間
債　権	①債権者が権利を行使することができることを**知った時**から５年間 ②権利を行使することができる時から10年間（人の**生命・身体**の侵害による損害賠償請求権は20年間）
債権または所有権以外の財産権	20年間

3 時効の完成猶予・更新

10年間に
2回出た!

　「時効の完成猶予」とは、一定の事由が発生した場合に、所定の期間、時効の完成が猶予されることである。また、「**時効の更新**」とは、一定の事由が発生した場合に、それまでの時効期間がゼロとなり、改めて時効期間の進行が始まることである。

事　由	効　果	期　間
❶**裁判上の請求**・ 　支払督促・ 　和解・調停・ 　破産手続参加など ❷**強制執行**・ 　担保権の実行など	完成猶予 ・更新	・各事由が終了するまでの間（権利が確定することなく終了した等の場合は、事由が終了した時から６か月）は、時効は完成しない ・権利が確定した時、あるいは各事由が終了した時から、新たに時効が進行を始める
❶催告 ❷仮差押え・仮処分 ❸協議を行う旨の合意	完成猶予	・催告から６か月経過するまでの間 ・事由が終了した時から６か月経過するまで ・合意の時から１年を経過した時までの間、時効は完成しない
承　認	更新	権利の承認があった時から、新たにその進行を始める

 危険!
時効完成を知らずに権利の承認をすると、もはや時効の完成を主張することができない。

4 時効の援用

　取得時効によって権利を取得したり、消滅時効によって義務を免れるためには、**時効の利益を受ける旨の意思表示（援用）をする必要がある。**

援用ができる者	**保証人、連帯保証人、物上保証人、第三取得者**（正当な利益を有する者）は援用ができる。
援用権の放棄	時効の**完成前**に、援用権を放棄することはできない。
時 効 の 効 果	時効が完成し、その援用をすると、**起算日にさかのぼってその効果が生じる。**
原 始 取 得	時効による権利の取得は、前主からの承継ではないため、例えば、抵当権が設定された土地を時効取得すると、**抵当権のない所有権を取得すること**となる。

- 占有開始時に善意・無過失なら 10 年、その他は 20 年間、所有の意思をもって占有すると、所有権を時効で取得できる。
- 前主の占有期間を併せて主張すると、前主の悪意・過失も引き継ぐ。
- 裁判上の請求など➡完成猶予＋更新
  催告➡6か月の完成猶予、承認➡更新
- 時効完成を知らずに承認すると、もはや援用できない。
- 時効の完成前に、援用権を放棄することはできない。
- 時効の効果は、起算日にさかのぼって生じる。

重要度 ☆☆★ A

6 不動産物権変動

 ここが ポイント 判例ベースの出題が多く、難易度の高いところです。当事者と第三者の関係を見分けましょう。

チャレンジ!! 『テーマ別厳選過去問』1 権利関係 ▶ 問題 17 ～ 20

不動産物権変動では、「誰が誰に対して、どのような要件で所有権を主張できるのか」ということを中心に、確認していこう。

1 当事者と第三者

OK ☐

10年間に 4回出た! 次の例で、当事者の関係と第三者の関係を理解しよう。

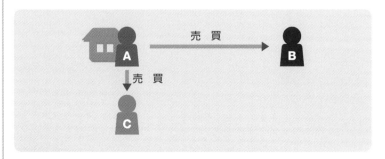

【具体例】

Aが同一の建物を、BとCに二重譲渡した。

- AとB、AとCは契約当事者の関係にあるから、BまたはCが、Aに所有権を主張するのに、登記は不要である。
- BとCは同一の建物について所有権を争う第三者の関係にあるから、登記を備えた方が、他方に優先して所有権を取得する。

30

2 登記が不要である者

OK

10年間に
4回出た!

次の者に対して**所有権を主張**するのに、**登記は不要**である。

❶売主の　相続人	売主の相続人は売主の地位を承継するため、買主は、登記がなくても、**相続人に所有権を主張**できる。
❷前主	「A ➡ B ➡ C」と不動産が転売された場合、C は、登記がなくても、**前主 A に所有権を主張**できる。
❸無権利者	契約の無効等によって**無権利者**となった者に対しては、登記がなくても、所有権を主張できる。
❹不法占有者	不動産を**不法に占有**している者に対して明渡請求をする場合、**登記は不要**である。
❺背信的　悪意者	信義誠実の原則に背く次のような者を**背信的悪意者**といい、その者に所有権を主張するのに、**登記は不要**である。 ◖ **詐欺・強迫**によって他人の登記の申請を**妨げた者** ◖ 他人から**登記の申請の依頼を受けた**ことをいいことに、自己の名義で先に登記をした者 ◖ 第 1 の買主（二重譲渡の場合で、最初に対象不動産を買う契約をした人）が未登記であることを知り、その者にさらに高く売りつけて**不当な利益を得る目的**で権利を取得し、先に登記をした者

OK

　次の者に対して所有権を主張するには、**登記を備えなければな**らない。

❶単純悪意者	第1の買主が未登記であることを知っていたが、所有者から同一不動産を譲り受けた者
❷相続人からの譲受人	買主は、売主の相続人に所有権を主張するには登記は不要だが、**相続人からの譲受人**には**登記が必要**である。
❸取消し後の第三者	買主の詐欺等を理由に契約を取り消した売主は、**取消し後**に買主から所有権を譲り受けた第三者に対して、**登記がなければ所有権を主張できない。**
❹時効完成後の第三者	取得時効によって所有権を取得した者は、**時効完成後**に元の所有者から所有権を譲り受けた第三者に対して、**登記がなければ所有権を主張できない。**
❺解除後の第三者	買主の債務不履行を理由に契約を解除した売主は、**解除後**に買主から所有権を譲り受けた第三者に対して、**登記がなければ所有権を主張できない。**

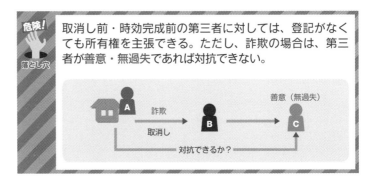

危険！　落とし穴

取消し前・時効完成前の第三者に対しては、登記がなくても所有権を主張できる。ただし、詐欺の場合は、第三者が善意・無過失であれば対抗できない。

この章で覚えようゼッタイ‼

- 当事者には登記は不要だが、第三者に対しては登記が必要。
- 相続人には登記が不要だが、相続人からの譲受人には登記が必要。
- 無権利者・背信的悪意者に対しては、登記は不要。
- 「～後の第三者」（**3**表中の**❸❹❺**）に対しては、登記が必要。

重要度
★★★ A

7 共有・相隣関係

> **ここが ポイント** 共有と相隣関係は重要箇所が少なく、内容も難しくありません。**短時間マスター**を目指しましょう！

 チャレンジ!! 『テーマ別厳選過去問』1 権利関係 ▶ 問題 21 〜 23

共有とは、複数の人が1つのものを共同して所有することである。したがって、権利関係の調整のために、さまざまな規定が置かれている。

1 共有

OK ☐

(1) 持分

 10年間に **2**回出た！

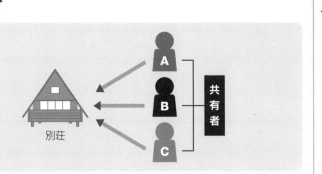

別荘

例えば、上の図でいえば、A・B・Cの3人が共同で別荘を購入した場合、3人は別荘を**共有**し、各自が別荘に対して**持分**（所有権の割合）を有することとなる。

持分の割合	各共有者の持分は、**均等**と推定される。
共有物の使用	●各共有者は、共有物の**全部**について、**持分に応じた使用**ができる。 ●共有者は、**善良な管理者の注意**で、共有物を使用しなければならない。

共有物の負担	● 共有物の管理費用は、各共有者が**持分**に応じて負担する。 ● 共有者の1人が他の共有者に対して有する債権は、その**特定承継人**に対しても行使できる。
持分の処分	各共有者は、**いつでも自由**に持分を処分できる。
持分の帰属	共有者が持分を放棄し、または死亡して相続人がなく、特別縁故者への財産分与もされない場合、その者の持分は、**他の共有者**に、持分に応じて帰属する。

（2）内部関係の調整

保存行為	**各共有者**は、単独で、共有物を修繕することや、不法占有者に対する明渡しを求めることができる。
管理行為	共有物の第三者への賃貸借・賃貸借の解除・軽微変更などは、持分価格の**過半数の同意**によって行う。
変更行為	共有物の売却・抵当権の設定・重大変更などは、共有者**全員の同意**が必要。

　管理者は、**管理に関する行為**ができる。ただし、**全員の同意**を得なければ、**変更**（軽微変更を除く）はできない。

不法占有者に対する明渡請求は、保存行為として各共有者が単独でできるが、その者に対する損害賠償請求は、各共有者が、それぞれの持分の範囲を越えてすることができない。

（3）共有物の分割

原　則	● 各共有者は、いつでも共有物の分割を請求できる。 ● 分割方法は❶現物分割、❷賠償分割、❸競売分割。
例　外	5年以内の期間を定めて、**不分割特約**をすることができる（各5年以内で更新可）。

- **現物分割**：共有物自体を分割すること。
- **賠償分割**：他の共有者から持分を買い取ること。
- **競売分割**：共有物を競売して、その代金を分けること。

分割協議が調わないとき、または協議できないときは、**裁判所に共有物の分割を請求**できる。

 裁判所は、❶現物分割・❷賠償分割ができない等の場合にはじめて、❸競売分割ができる。

2 相隣関係

隣り合う不動産の所有権相互の関係を調整するため、次の規定がある。

 10年間に 4回出た!

❶隣地の使用	● 土地の所有者は、①境界付近の障壁、建物その他工作物の築造・収去・修繕、②境界標の調査、境界に関する測量、③枝の切取りに必要な範囲内で、**隣地を使用**できる。 ▶ **住家への立入り**には、**居住者の承諾**が必要。
❷他の土地の通行権	● 他の土地に囲まれて公道に通じない土地の所有者は、公道に至るため、その土地を囲んでいる**他の土地を通行**できる。 ● **道路の開設**も可。
❸継続的給付設備の設置・使用	土地の所有者は、**電気・ガス・水道**その他（**電話・インターネット**等）の継続的給付を受けることができないときは、必要な範囲内で、他の土地に**設備の設置・使用**ができる。 ▶ 設置・使用のための隣地等の使用権も認められる（❶を準用）。 ▶ 他人が所有する設備を使用する者は、利益を受ける割合に応じて、その設備の設置・改築・修繕・維持の**費用を負担**する。

- 使用・通行等の場所・方法
  ➡必要、かつ、**損害が最も少ないもの**を選択。
- 原則として、あらかじめ**目的・場所・方法等の通知**が必要（❷については不要）。
- 損害の発生 ➡ **償金**が必要。
- ❷❸における土地の分割・一部譲渡 ➡ 他の分割地のみに通行・設置でき、**償金は不要**。

❹竹木の枝・根の切除・切取り	**原則**	●土地の所有者は、隣地の竹木の「枝」が境界線を越えるときは、その竹木の所有者に、その枝を**切除させる**ことができる。 ●隣地の竹木の「根」が境界線を越えるときは、その根を**切り取る**ことができる。
	例外	次の場合、土地の所有者は、竹木の「枝」を切り取ることができる。 ①竹木の所有者に枝を切除するよう**催告**したにもかかわらず、竹木の所有者が相当の期間内に**切除しない**とき。 ②竹木の**所有者**を**知ることができず**、またはその**所在を知ることができない**とき。 ③**急迫の事情がある**とき。

【共有】

●各共有者は、自由に持分を処分できる。

●共有者が持分を放棄し、または死亡して相続人がない場合、その者の持分は、他の共有者に持分に応じて帰属する。

●共有物の保存行為は**単独**で、管理行為は持分価格の過半数の同意で、変更行為（軽微変更を除く）は**全員の同意**で行う。

●分割自由の原則に対し、5年以内で不分割特約ができる。

【相隣関係】

●袋地の所有者は、償金を払って、囲んでいる土地を通行できるが、分割等で袋地となった場合は、償金は**不要**で、残地のみ通行できる。

●竹木の枝が境界線を越えた場合は、原則として切除を請求でき、根が境界線を越えたときは、自ら切除ができる。

重要度
★★★ **A**

8 抵当権・担保物権

難易度の高い抵当権ですが、細かい部分にとらわれず、まずは基本の仕組みを理解しましょう。

チャレンジ!! 『テーマ別厳選過去問』1 権利関係 ▶ 問題 24 〜 29

抵当権とは、他の債権者に優先して、自己の債権を回収するための制度である。

A
債権者
(抵当権者)

債権 ▶ **B**
債務者

抵当権 ↓ **C**
物上保証人
(抵当権設定者)

売却 ▶ **D**
第三取得者

　例えば、上の図でいえば、A は、B に対する債権の回収のため、C 所有の不動産に抵当権を設定・登記してもらえば、その不動産を C が D に譲渡しても、B が債務を履行しない場合は、不動産を競売して債権を回収できる、という仕組みである。

　なお、もちろん、債務者 B が、自己所有の不動産に自ら抵当権を設定することもできる。

抵当権者は、**他の一般債権者に優先して**、目的物から弁済を受けることができる。その性質は、他の担保物権とほぼ同様に、次のとおりである。

付 従 性	**被担保債権**がなければ抵当権は成立せず、**被担保債権**が消滅すれば抵当権も消滅する。
随 伴 性	被担保債権が第三者に譲渡されると、抵当権もその第三者に移転する。
不 可 分 性	被担保債権**全額**が消滅するまで、目的物全部の上に効力を有する。
物上代位性	目的不動産が売却・賃貸・滅失等により、**代金・賃料・保険金**といった価値に代わった場合、抵当権はそれらに対しても**効力が及ぶ**。ただし、物上代位を主張するには、代金・賃料・保険金等が支払われる前に、抵当権者自ら**差押え**をすることが必要。

 現在は存在しなくても、将来発生する債権について、それを担保する抵当権を成立させることができる（付従性の緩和）。

2 抵当権の成立・順位等

OK

10年間に
6回出た!

成　　立	抵当権は、当事者の**合意のみ**で成立し、**登記**が対抗要件となる。
抵当権の順位	登記の**順位**が抵当権の順位となり、先順位の抵当権が消滅すると、後順位の抵当権の順位が**繰り上がる**。 ▶ 抵当権の順位は変更することができるが、そのためには、順位を変更する各抵当権者の**合意**と**利害関係者の承諾**が必要であり、**登記**しないと効力が生じない。
抵当権の処分	● **譲渡**の場合は、処分された者が、処分した者に**優先**する。 ● **放棄**の場合は、処分された者と処分した者は**同一順位**。 ● 抵当権の譲渡・放棄は、**一般債権者**に対して行う。 ● 抵当権の順位の譲渡は、（後順位の）**抵当権者**に対して行う。 　▶ 処分の当事者**以外**の者の配当額は、**一切変更なし。**

3 抵当権の効力の及ぶ範囲

OK

10年間に
3回出た!

　土地と建物は**別個の不動産**であり、一方に設定された抵当権の効力は**他方には及ばない**。そのほか、抵当権の効力の及ぶ範囲は、次のとおりである。

従　物	ガソリンスタンドに設定された抵当権の効力は、設定時から存在していた地下タンクや洗車機といった**従物にも及ぶ。**
借地権	借地上の建物に設定された抵当権は、従たる権利である**借地権にも効力が及ぶ。**
果　実	債務者が**債務不履行**になったときは、その後に生じた抵当不動産の果実（賃料など）にも、抵当権の効力が及ぶ。
利　息	利息や違約金については、原則として**最後の2年分**についてのみ、抵当権を行使することができる。 　▶ 後順位抵当権者等がいなければ、2年分に制限されない。

4 法定地上権と一括競売

10年間に 4回出た!

　一定の要件を満たした抵当権が実行されると、自動的に**法定地上権が発生**する。**一括競売**と関連づけて、主な要件を押さえておこう。

法定地上権の成立要件	❶抵当権設定当時に、土地上に建物があること ❷抵当権設定当時に、その土地と建物の所有者が同一人であること ❸競売によって、土地と建物の所有者が別人になること
一　括　競　売	要件 ▶ **更地**に抵当権を設定後、建物が建てられた。 ―――――――――――――――― 効果 ▶ 抵当権者は土地と建物を**一括競売**できるが、**建物の代金**からは優先弁済を受けることができない。

5 抵当権と賃借権の関係

10年間に 2回出た!

　抵当不動産は、その所有者が**自由に使用・収益・処分**することができるため、建物に抵当権が設定されていても、その建物を第三者に賃貸できる。

抵当権と賃借権	原則	抵当権と賃借権の優劣は、**登記の先後**で決まる。
	例外	後順位の賃借権であっても、先順位の抵当権者の全員の同意を得て、その旨の**登記**をすれば、抵当権に対抗できる。
建物賃借人の保護		抵当権が設定・登記された**建物**を賃借して使用する者は、抵当権の実行による買受けの時から**6か月間**は、原則として、買受人に引渡しを拒否できる。

買受けの時から6か月の引渡し拒否ができるのは、建物の場合だけであり、土地の場合はそれができない。

6　抵当権消滅請求

OK

10年間に
3回出た!

　抵当不動産の買主である第三取得者のため、抵当権を消滅させる手続きとして、**抵当権消滅請求**の規定が設けられている。

請求権者	抵当不動産の**第三取得者**。なお、主たる債務者や保証人は、抵当権消滅請求をすることができない。
請求の時期	抵当権の実行としての競売による差押えの**効力が発生する前**に、抵当権消滅請求をしなければならない。
請求の方法	登記をした**各抵当権者**に、弁済する金額等を記載した書面等を送付する。
消滅の時期	●各抵当権者**全員が承諾**して弁済を受けると、抵当権は消滅する。 ●各抵当権者は、書面の送付を受けた後2か月以内に抵当権実行の申立てをしないと、**承諾したとみなされる**。

7　根抵当権

OK

10年間に
1回出た!

　同一の当事者間で行われる継続的な取引により発生する不特定多数の債権を、**極度額を限度に一括**して担保する抵当権を、**根抵当権**という。

性　　質	●**元本確定前**は、付従性・随伴性がない。 ●**元本確定後**は、普通の抵当権とほぼ同様の性質を有する。
元本の確定	ある時点で債権額を確定させることを**元本の確定**といい、原則として**5年以内**で定める。
極　度　額	根抵当権で担保される限度額を**極度額**といい、その額は契約時に定めるが、**利害関係者の承諾**があれば、元本確定の**前後を問わず**、極度額を変更することができる。
債権の範囲	根抵当権で担保する債権の発生原因を債権の範囲といい、契約時に定めるが、元本確定前なら、自由に変更できる。

この章で
覚えよう!!
ゼッタイ

- 物上代位の主張には、抵当権者自らによる目的物の差押えが必要。
- 抵当権の順位は登記の先後によるが、各抵当権者の合意と利害関係者の承諾があれば変更でき、登記によって効力が生じる。
- 抵当権の効力は、従物や従たる権利にも及ぶ。
- 利息・違約金は、原則として最後の2年分に限って、優先弁済を受けることができる。
- 抵当権設定前から土地の上に建物があり、その土地と建物の所有者が同一の場合は、「法定地上権」の問題となる。更地に抵当権が設定された後に建物が建てられた場合は、「一括競売」の問題となる。
- 抵当建物を賃借して使用する者は、抵当権の実行による買受けの時から6か月は、原則として、買受人への引渡しを拒否できる。
- 根抵当権の極度額は、利害関係者の承諾があれば、元本確定の前後を問わず変更できる。なお、債権の範囲の変更は、元本確定の前に限る。

重要度 ★★★ **A**

9 保証債務

ここがポイント 保証債務は、付従性の理解を最優先にした上で、連帯保証との違いを明確にしておきましょう。

チャレンジ!! 『テーマ別厳選過去問』1 権利関係 ● 問題 30・31

1 保証債務の成立と保証人の資格 OK □

主たる債務者が債務を履行しない場合、保証人は**保証債務**を履行しなければならない。保証債務は、次のように成立する。

10年間に 1回出た！

保証債務の成立	● **債権者**と保証人との契約である。 ● 必ず書面（電磁的記録）による必要がある。
保証人の資格	原則 ● 無制限 例外 ● 債務者が保証人を立てる義務を有する場合、その保証人は、**行為能力者**、かつ、**弁済の資力**を有する者に限定される。

2 債権者の保証人に対する情報提供義務 OK □

債権者には、保証人が主債務者の財産状況等（＝「保証のリスク」）を十分に把握することができるようにするために、保証人に対して、次のような**情報の提供を行う義務**が課されている。

主たる債務の履行状況に関する情報	委託を受けた保証人の請求があったとき ● 遅滞なく、主たる債務の**元本**・利息・違約金・損害賠償その他その債務に従たる全てのものの債務不履行の有無・残額・弁済期到来額に関する情報

主たる債務者が期限の利益を喪失した場合に関する情報	保証人に対し、**利益の喪失**を知った時から２か月以内に、その旨を通知することが必要

3 保証債務の性質

10年間に**1**回出た!

保証債務の性質として、次の点が挙げられる。

性質	内　　　容
付従性	主たる債務がなければ保証債務は成立せず、主たる債務が消滅すれば保証債務は消滅する。 ▶ 主たる債務者について生じた事由は、原則として、保証人に対してもその効力を有する。 ▶ 主たる債務者が相殺権、取消権、解除権を有するときは、保証人は、その限度で債務の履行を拒むことができる。
随伴性	主たる債務者に対する債権が債権譲渡によって他人に移転すると、保証債務も移転する。そして、債権譲渡の通知は、主たる債務者にすれば足り、保証人に通知しなくても、譲受人は保証債務の履行を請求することができる。
補充性	保証債務は、主たる債務が履行されない場合に履行すれば足りる。 ▶ 債権者から請求を受けた場合、まず主たる債務者に催告をすべきと抗弁できる（**催告の抗弁権**）。 ▶ 債権者から請求を受けた場合、主たる債務者に執行が容易な財産があることを立証して、強制執行をするよう抗弁できる（**検索の抗弁権**）。

 付従性と関連し、保証人について生じた事由は、弁済等を除き、原則として、主たる債務者に効力が生じない点に注意しておこう。

4 連帯保証

10年間に
1回出た!

　主たる債務者と連帯して保証債務を負担する形態を**連帯保証**といい、次の２点で、連帯保証は普通保証と異なる。

　しかし、**付従性**等は普通保証と同様に有する点に注意しよう。

連帯保証の性質	内　　　　容
補 充 性 が な い	連帯保証人には**催告・検索の抗弁権がない**ため、債権者から請求があれば支払いを拒絶できない。
分別の利益がない	保証人が複数存在する場合、普通保証人は、主たる債務の額を**頭割りした額**について保証債務を負担すればよいが（**分別の利益**）、連帯保証人には分別の利益がないため、各自が**債務全額**を負担しなければならない。

5 求償権

10年間に
1回出た!

　保証人は、保証債務を履行した場合、主たる債務者に対して求償できる。また、保証人が数人いる場合に、その１人が弁済したときは、他の保証人に対しても、**負担部分の割合**に応じて求償できる。

この章で

覚ゼッタイ**えよう!!**

- 保証債務は、債権者と保証人との書面による契約で生じる。
- 保証人の資格に、原則として制限はない。
- 保証債務の**付従性**により、主たる債務者について生じた事由は、保証人にも及ぶ。
- 保証債務には、随伴性・補充性がある。
- 連帯保証には、補充性・分別の利益がない。

10 連帯債務

重要度 ☆★★ B

ここが ポイント 相対効の原則を理解し、次に、例外である絶対効の各規定を丁寧に学習しましょう。

チャレンジ!! 『テーマ別厳選過去問』1 権利関係 ▶ 問題 32

1 連帯債務の性質と相対的効力の原則 OK☐

10年間に 1回出た!

　債権者が、債務者の1人または全員に対し、同時または順次に、債権の全部の履行を請求することができるとともに、債務者の1人が弁済すると、全員の債務が消滅する形態を、**連帯債務**という。

	連帯債務者の1人について生じた事由は、他の連帯債務者に効力を**及ぼさない**のが原則である。
相対効の原則	❶ 連帯債務者の1人が、**履行の請求**を受けたり**債務を承認**等をしても、他の連帯債務者には効力が生じない。 ❷ 連帯債務者の1人について無効・取消しの原因があっても、他の連帯債務者の債務は影響を受けない。

2 連帯債務の絶対的効力 OK☐

10年間に 2回出た!

　1人の連帯債務者について生じた事由の効力が、例外的に、他の連帯債務者にも及ぶことを、**絶対的効力**（絶対効）という。

（1）債務全額の絶対効

更 改	連帯債務者の1人と債権者との間に**更改**があったときは、債権は、全ての連帯債務者の利益のために**消滅**する。
混 同	連帯債務者の1人と債権者との間に混同があったときは、弁済したものとみなされ、他の連帯債務者の債務も**消滅**する。
相 殺	❶連帯債務者の1人が債権者に対する反対債権で**相殺**をしたときは、債権は、全ての連帯債務者の利益のために**消滅**する。 ❷連帯債務者の1人が反対債権で相殺しない場合、**他の連帯債務者**は、その債務者の**負担部分の限度**で、債務の履行を拒むことができる。

- **更改**……旧債務を消滅させ、新しい債務を発生させること。
- **混同**……債務者が債権者を相続する等のこと。

3 求償権

連帯債務者の1人が弁済をしたときは、その連帯債務者は、その額が自己の負担部分を超えるかどうかにかかわらず、他の連帯債務者に対し、各自の**負担部分**に応じた額の**求償権**を有することとなる。

10年間に**1**回出た!

この章で
覚えよう!!ゼッタイ

- 債権者は、連帯債務者の1人または全員に対し、同時または順次に、債権全額の履行を請求することができる。
- 連帯債務は、相対効が原則。
- 更改・混同・相殺は、絶対効。

重要度 ☆★★ **B**

11 債権譲渡

ここが ポイント 債権譲渡は、対抗要件がポイントとなりますので、要領よく押さえましょう。

 チャレンジ!! 『テーマ別厳選過去問』1 権利関係 ◐ 問題 33・34

1 債権譲渡の成立と債務者への対抗要件

OK ☐

10年間に 3回出た!

債権は、債権者と譲受人の合意のみで**有効に移転**する。ただし、譲受人が債務者に債権を主張するには、次のいずれかの対抗要件が必要になる。

旧債権者からの 通知	旧債権者から債務者に対して、債権を譲受人に譲渡したという旨を通知すること。 ◐ 譲受人からの通知は無効。代位通知も無効 ◐ 譲受人が、債権者の代理人としてした通知は有効
債 務 者 の 承 諾	債務者の承諾は、旧債権者または譲受人の**いずれにしてもよい**。

 危険!

落とし穴 債権の譲渡制限の意思表示をしたときでも、債権譲渡は有効だが、債務者は、この意思表示について悪意・重過失の第三者に対しては、債務の履行を拒むことができる。

同一の債権が二重に譲渡された場合、**譲受人相互の優劣**は、通知または承諾について、**確定日付のある証書**を備えているか否かで決まる。

10年間に
2回出た!

【具体例】

　Aが、Bに対する債権をCとDに二重譲渡し、双方への譲渡についてBに通知をした。

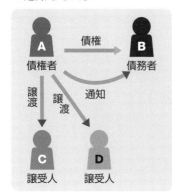

CもDも確定日付なし	C、D互いに対抗できない。
Cが確定日付あり	CがBに債権を主張できる。
CもDも確定日付あり	到達が早い方が、Bに債権を主張できる。　　　　（注）
確定日付ありが同時到達	C・DともBに債権を主張でき、Bは、いずれか一方に支払えばよい。　　　　　　　　（注）

（注）確定日付の「日付」の先後は関係ない。

覚えよう!!
この章で ゼッタイ

- 債権は、債権者と譲受人の合意のみで譲渡できるが、旧債権者から債務者に対する通知または債務者の承諾がなければ、債務者に対抗できない。

- 債務者以外の第三者に対抗するには、通知または承諾につき、確定日付のある証書が必要。

- 双方が確定日付のある証書を備えた場合、その到達が早い者が優先する。

12 債務不履行・契約の解除

 損害賠償と契約の解除の２点が、出題のポイントです。ここを重点的に学習しましょう。

チャレンジ!! 『テーマ別厳選過去問』1 権利関係 ▶ 問題 35 ～ 38

1 債務不履行の種類と効果

10年間に 2回出た!

債務不履行には、主に**履行遅滞**と**履行不能**があり、それぞれ債権者は、次の権利を行使することができる。

履行遅滞	期日に債務の履行をしないこと	● 損害賠償請求権 ● 契約解除権 ▶ 相当の期限を定めて**催告**し、なお履行されない場合
履行不能	債務の履行が不可能となること	● 損害賠償請求権 ● 契約解除権 ▶ 催告不要

危険! 落とし穴

契約を解除しても、あわせて損害賠償の請求が可能である。

2 同時履行の抗弁権

10年間に 4回出た!

売買契約のように当事者が互いに債務を負う場合、相手方が債務の履行を提供しないときは、自らの債務の履行をしなくても、債務不履行とならない。これを**同時履行の抗弁権**という。

逆にいうと、相手方の債務不履行を主張するためには、自らの債務の履行を提供する必要がある。

同時履行となる	●取消し・無効による当事者の原状回復義務 ●弁済と受取証書の交付
同時履行ではない	●弁済と債権証書の交付（弁済が先） ●弁済と抵当権の抹消（弁済が先） ●明渡しと敷金の返還（明渡しが先）

3 損害賠償の範囲

OK ☐

相手方の債務不履行を理由とする**損害賠償の範囲**は、次のようになる。

10年間に
1回出た!

通常損害	債務不履行によって**通常生ずべき**損害は、**当然**に賠償請求できる。
特別損害	特別の事情によって生じた損害は、当事者がそれを**予見**すべきであったときは、賠償請求できる。

危険!
落とし穴

損害賠償の請求をするには、債務者の責めに帰すことができる事由（帰責性）が必要である。

4 損害賠償額の予定

OK ☐

債務不履行があった場合の損害賠償額について、あらかじめ合意しておくことを、**損害賠償額の予定**という。これにより、相手方が債務不履行に陥ったときは、損害額の証明をすることなく、予定額を請求することができる。

10年間に
2回出た!

危険!
落とし穴

●債権者にも過失があるときは、裁判所は、これを考慮して損害賠償の額を定める（過失相殺）。
●損害賠償額の予定をしている場合でも、過失相殺は可能である。

5 契約の解除と催告

　債務不履行に基づく**契約の解除**を行うには、原則として、**相当期間を定めた催告**が必要であるが、**一定の場合**には、**催告なし**で、**契約の解除**をすることができる。

催告による解除（原 則）	相当の期間を定めてその履行の**催告**をし、その期間内に履行がないときは、契約の解除ができる。 ▶ 債務不履行の内容が**軽微**な場合は不可
催告によらない解除	次の場合は、**催告なし**で、**直ちに契約の解除**ができる。 ❶債務の全部の履行が不能 ❷債務の全部の履行を拒絶する意思を明確に表示 ❸債務の一部の履行不能・履行を拒絶する意思を明確に表示（残存する部分のみでは契約をした目的を達することができない場合） ❹特定の日時・期間内に履行をしなければ契約をした目的を達することができない場合に、その時期を経過したとき ❺催告をしても、契約をした目的を達するのに足りる履行がされる見込みがないことが明らかなとき

　契約の解除には、債務者の帰責性は不要である。

6 金銭債務の特則

　金銭債務の不履行については、次のように特別な扱いがされる。

無過失責任	金銭債務の不履行については、債務者は**不可抗力**をもって抗弁することができない。
履行遅滞のみ	金銭債務の不履行について履行不能はなく、常に**履行遅滞**となる。

損 害 賠 償	金銭債務の不履行について、債権者は損害を証明することなく、債務者が遅滞の責任を負った最初の時点における**法定利率**（**注**）に基づく遅延賠償金を請求できる。ただし、約定利率が法定利率より高いときは、**約定利率**による。
立 証 責 任	債権者は、損害賠償の請求をするにあたり、損害の発生及び損害額を証明する必要がない。

（**注**）年３％（変動性）となる。

7 契約解除権

債務不履行を理由に**契約を解除**する方法とその効果は、次のとおりである。

解除の方法	●相手方に対する**一方的**な意思表示で効力が生じ、いったんした解除の意思表示は、**撤回**することができない。 ●当事者が複数の場合、解除は**全員**から、または**全員**に対し、しなければならない。
解除の効果	●契約は、**最初にさかのぼって無効**となる。したがって、当事者は原状回復義務を負い、受領していた金銭について、**受領の時からの利息**を付して返還しなければならない。金銭以外の物を返還するときは、受領の時以後に生じた果実をも返還しなければならない。 ●契約を解除しても、**登記**を備えた第三者の権利を害することはできない（解除前の第三者）。

覚**ゼッタイ**えよう!!

● 履行遅滞を理由に解除するには、原則として、相当の期間を定めた催告が必要だが、履行不能等の場合は催告不要で解除できる。

● 損害賠償額の予定をすると、損害額を立証することなく、予定額を請求できる。

● 当事者が複数の場合、解除は全員からまたは全員に対して行う。

● 契約を解除すると、当事者は原状回復義務を負う。

● 契約を解除しても、登記を備えた第三者の権利を害することはできない（解除前の第三者）。

13 弁済・相殺

ここがポイント 比較的理解しやすい弁済に対し、相殺は、難易度が高いため、絞って学習しましょう。

チャレンジ!! 『テーマ別厳選過去問』1 権利関係 ▶ 問題 39・40

1 弁済は誰がするか

OK

弁済は、債務者本人のほか、**第三者が行うことも可能**である。

正当な利益を有する第三者	原則として、債務者・債権者の意思に反しても弁済できる
正当な利益を有しない第三者	原則として、債務者・債権者の意思に反して弁済できない

第三者が弁済をすると、その第三者は**債権者に代位**する。

代位により、弁済者は債権者が有していた債権を取得し、それを担保していた抵当権等も、あわせて取得することとなる。

2 弁済は誰にするか

OK

10年間に1回出た!

弁済は、弁済受領権限を有する債権者に対してすべきであるが、次の場合は、**弁済受領権限のない者にした弁済も、有効**になる。

受領権者以外の者であって取引上の社会通念と照らして受領権者としての外観を有する者	左の者に善意・無過失でした弁済は**有効**

3 弁済はどのようにするか

例えば、債務者が金銭で弁済しようとする場合、金銭を用意して債権者に提供し、それを債権者が受領することによって、弁済が完了する。

債務の本旨に従った弁済	弁済は、債務の本旨に従って（債権者が期待するとおりに）弁済しなければならない。
弁済の提供	弁済の提供は、**現実**にするのが原則。ただし、債権者が受領拒絶を明確にしているときは、**口頭**の提供で足りる。
受取証書等（注）	弁済と受取証書（領収書）の交付は、**同時履行**の関係にあるが、弁済と債権証書（借用証書）の交付は同時履行ではなく、**弁済が先履行**である。
弁済の充当	弁済した額が債権全額に満たなかった場合、原則として「**費用➡利息➡元本**」の順に充当する。
代物弁済	弁済者は、**債権者との契約**により、本来の給付に代えて、他の物を交付することによって弁済することができる。
弁済供託	債権者が弁済の受領を拒否しており、弁済者が口頭で提供しても受領されない場合、弁済者は**供託所**に供託して債務を免れることができる。

（注）受取証書の交付に代えて、電磁的記録の提供を請求することができる。

不動産で代物弁済をする場合は、所有権の移転登記等を完了しなければ、弁済の効力は生じない。

4 相殺

10年間に 2回出た! 当事者が互いに同種の債権を持ち合っている場合に、その一方の意思表示のみで、債権を**対当額の範囲で消滅**させることを、**相殺**という。

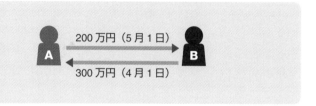

200万円（5月1日）
A → B
300万円（4月1日）

【具体例】

Aは、5月1日が期限の200万円の債権をBに対して有し、Bは4月1日が期限の300万円の債権をAに対して有する。

相殺するためには、自働債権の弁済期が到来していることが必要なので、Aは、5月1日になれば、Bに対して相殺を主張することができ、これによって、両債権は200万円分消滅し、100万円だけBの債権が残る。この場合、相殺の意思表示をしたAの債権を「**自働債権**」といい、これを受けるBの債権を「**受働債権**」という。

相殺をすると、両債権は、**相殺適状**（相殺をするのに適する状態）が生じた時にさかのぼって、対当額の範囲で消滅する。

なお、**相殺**については、次のポイントに注意が必要である。

相殺と弁済期	相殺をするには、少なくとも**自働債権**の**弁済期**が**到来**している必要がある。
時効消滅した債権で相殺可	時効で消滅した債権であっても、消滅前に反対債権と**相殺適状**にあった場合は、相殺することができる。
悪意の不法行為等の加害者からの相殺は不可	● ①**悪意**の不法行為に基づく損害賠償、②**人の生命・身体**の侵害に基づく損害賠償の加害者は、相殺することができない。 ● 逆に、**被害者**からは、相殺をすることができる。
差押えを受けた債権	● 自己の債権が第三者から**差押え**を受けた場合、その債権を自働債権として相殺することができない。 ● 相手方の債権が第三者から差押えを受けた場合、その**差押えの前**に反対債権を取得していれば相殺できるが、**差押えの後**に取得した反対債権では、相殺できない。

この章で
覚えよう!!
ゼッタイ

● 正当な利益を有しない第三者は、債務者の意思に反して弁済できない。
● 受領権者としての外観を有する者に、善意・無過失でした弁済は有効。
● 弁済と受取証書の交付は同時履行、弁済と債権証書の交付は、弁済が先履行。
● 相殺の意思表示をすると、双方の債権は、対当額の範囲で、相殺適状の時にさかのぼって消滅する。
● 悪意の不法行為、人の生命・身体の侵害の加害者からは相殺できないが、被害者からは相殺できる。

14 売買

 手付と売主の担保責任は、宅建業法でも頻出の重要項目です。確実なマスターを目指しましょう。

チャレンジ!! 『テーマ別厳選過去問』1 権利関係 ● 問題 41 ～ 45

売買契約は、売主と買主の合意のみで成立し、これによって**売主**には**代金請求権**が、**買主**には**目的物の引渡請求権**が発生する。
売買に関する民法の規定は、他の多くの有償契約に準用されている。

1 手付

OK

10年間に3回出た！

　不動産の売買契約では、買主から売主に対して手付が交付されることが多い。
　手付にはさまざまなものがあるが、民法上、手付は**解約手付**と**推定**される。

解除できる時期	相手方が履行に着手するまで。
解除の方法	●買主は手付を**放棄**する ●売主は手付の**倍額**を現実に提供 ｝＋ 解除の意思表示
手付解除の効果	損害賠償請求はできない。

売買契約を締結した売主は、引き渡した目的物に契約の内容に適合しないものがあった場合、買主に対して責任を負わなければならない。これを**売主の担保責任**といい、買主は、次の権利を行使することができる。

引き渡された目的物が種類・品質・数量に関して 契約の内容に適合しないもの（契約不適合）である場合	
追完請求	目的物の修補、代替物・不足分の引渡しによる「履行の追完」を請求できる。
代金減額請求	相当の期間を定めて履行の追完の**催告**をし、その期間内に履行の追完がないとき（追完が不能等の場合は、催告不要）は、「代金の減額」を請求できる。
損害賠償請求・ 契約の解除	債務不履行による「損害賠償の請求」や「契約の解除」ができる。

▶ 種類・品質の**契約不適合**の場合、原則として、買主がその不適合を知った時から1年以内に売主に「通知」しないときは、履行の追完請求、代金減額請求、損害賠償請求・契約の解除はできない。

危険! 数量の契約不適合の場合、買主は、売主に対して「通知」をしなくても、追完請求・代金減額請求・損害賠償請求・契約の解除をすることができる。

なお、売主が買主に移転した「権利」に**契約不適合**がある場合も、追完請求・代金減額請求・損害賠償請求・契約の解除ができる。

危険! ●売買の目的物に抵当権が設定されている場合、買主は抵当権消滅請求の手続が終わるまで、代金の支払いを拒否できる。
●売主が担保責任を負わない旨の特約は有効であるが、売主自らが知っていて告げなかった事実等については、責任を免れない。

この章で ゼッタイ 覚えよう!!

【手付】

● 手付解除は、相手方が履行に着手するまでできる。

【売主の担保責任】

● 契約不適合の場合、買主は、追完請求・代金減額請求・損害賠償請求・契約の解除をすることができる。ただし、目的物の種類・品質の不適合の場合、その不適合を知った時から1年以内に、その旨を売主に通知しないと、売主に対して担保責任の追及ができなくなる。

● 担保責任を負わない旨の特約は有効。ただし、売主が知っていて告げなかった事実等については、責任を免れない。

重要度
☆☆★ **A**

15 賃貸借

ここが
ポイント

借地借家法の前提としてだけでなく、単独での出題にも対応できる知識を身につけましょう。

✎ **チャレンジ!!** 『テーマ別厳選過去問』1 権利関係 ● 問題 46 〜 50

賃料を支払ってモノを貸し借りすることを「**賃貸借**」という。まずは、基本となる「**民法上の賃貸借**」に関する規定から確認していこう。

1　賃貸借の存続期間と更新等　OK☐

民法上の**賃貸借**の存続期間と更新、及び解約申入れは、次のとおりである。

10年間に
4回出た!

(1) 期間を定める場合

最長期間	50年 (50年を超えた定めは50年となる。)	期間満了時に、賃借人の使用継続に対し、賃貸人がこれを知りながら異議を述べないと、**更新が推定**される。
最短期間	制限なし	

(2) 期間を定めない場合

期間を定めない賃貸借も有効であり、契約は、**当事者からの解約の申入れ**により終了する。

解約の申入れ	土地の場合 ● **1年後**に契約終了
	建物の場合 ● **3か月後**に契約終了

賃借物の**修繕**については、次のとおりである。

原 則	**賃貸人**が義務を負う。
例 外	以下の場合は、**賃借人**が修繕できる。 ❶賃貸人に**通知**があった、または賃貸人が知ったにもかかわらず、賃貸人が**相当期間内**に必要な修繕をしないとき ❷**急迫の事情**があるとき

　例えば、アパートの修繕費等を**必要費**といい、アパートの雨戸を新調した場合のように、改良に係る費用を**有益費**という。

必要費	本来は賃貸人が支出すべきものであり、賃借人が支出したときは、**直ちに**賃貸人に償還を請求できる。
有益費	賃貸借の**終了時**に、**賃貸人**が選択した支出額または価値増加額のいずれかを、賃借人は、賃貸人に償還請求することができる。

3 譲渡・転貸

OK

10年間に
5回出た!

賃借人が賃借権を第三者に譲渡または転貸する場合を、整理しておこう。

譲　渡	賃借人が、賃借権を第三者に譲渡すると、賃貸借関係から離脱し、以降は賃貸人と第三者との間の賃貸借契約となる。
転　貸	賃借人が、賃借物を第三者に転貸すると、賃貸人と賃借人の契約に**加えて**、賃借人と第三者との間で賃貸借契約が成立する。この場合、第三者は、賃貸人に対しても転貸借に基づく債務を**直接履行する義務**を負う。

承　諾	譲渡・転貸は、結果的に目的物の使用者が変更することになるため、**賃貸人の承諾**が必要になる。

解　除	**賃貸人の承諾**なく譲渡・転貸が行われ、第三者が目的物の使用を開始したときは、賃貸人は契約を解除し、第三者に**明渡し**を求めることができる。ただし、**信頼関係を破壊しない**と認められる特別の事情があるときは、解除が制限される。

4 賃借人の原状回復義務

OK

10年間に
1回出た!

賃借人は、賃借物を受け取った後にこれに生じた損傷がある場合で、賃貸借が終了したときは、損傷を**原状に復する義務**を負う。

ただし、その損傷が次の事由による場合は、賃借人は、原状回復義務を負わない。

原状回復義務を負わない例外	❶**通常の使用・収益**によって生じた賃借物の損耗・経年変化 ❷**賃借人の責めに帰することができない事由**による損傷

5 敷金

OK

　「**敷金**」とは、要するに、賃借人が賃料を滞納したり、賃借している部屋を損傷したような場合に、それを**担保**するために、**賃貸人にあらかじめ預けておく金銭**のことである。

敷金の 定義	名目を問わず、**賃料債務その他**の賃貸借に基づいて生ずる**賃借人**の賃貸人に対する金銭の給付を目的とする**債務を担保する目的**で、賃借人が賃貸人に交付する**金銭**のこと
効　力	賃貸人は、賃借人が賃貸借に基づいて生じた金銭の給付を目的とする債務を履行しないときは、敷金をその債務の弁済に充てること（充当）ができる。 ▶ **賃借人からの充当の請求は不可**
賃借人 への 返還義務	賃貸人は、次の場合は、賃借人に対し、債務を控除した残額を返還しなければならない。 ● 賃貸借が終了し、かつ、**賃貸物の返還**を受けたとき ● 賃借人が**適法**に賃借権を譲り渡したとき
返還時期	賃借人は、目的物の**明渡しが完了**しなければ、敷金の返還請求は不可。 ▶ 賃借物の**明渡しが先履行**であり、敷金の返還との同時履行の義務はない

　敷金については、賃貸人や賃借人が交代した場合、その**承継の有無**がポイントになる。

賃貸人の交代 （目的物の売却）	敷金関係は、新賃貸人に**承継される**。したがって明渡完了時に、賃借人は、新賃貸人に敷金を返還請求できる。
賃借人の交代 （賃借権の譲渡）	敷金関係は、新賃借人に**承継されない**。したがって、新賃借人は改めて敷金を差し入れる必要があり、旧賃借人は敷金の返還を受けることになる。

不動産の賃借人は、賃借権の登記をすれば、新たに賃貸人になった者に対しても、その賃借権を主張することができる（民法上の不動産賃借権の対抗要件）。

　一方、新たな賃貸人が、賃借人に対して賃料を請求する等、賃貸人としての地位を主張するためには、その不動産の所有権の登記をすることが必要である。

- 民法上、賃貸借期間の上限は 50 年、下限はない。
- 必要費は直ちに償還請求でき、有益費は契約終了時になってから償還請求をすることとなる。
- 譲渡・転貸は賃貸人の承諾が必要であり、承諾がないと、原則として解除される。
- 賃借人は、通常の使用・収益の損耗、経年変化については、原状回復義務を負わない。
- 敷金については、賃借人からの充当の請求は不可。賃借物の明渡しが先履行であり、敷金の返還とは同時履行ではない。
- 賃貸人が交代しても敷金は承継されるが、賃借人が交代する場合は、敷金は承継されない。
- 民法上、不動産賃借権の対抗要件は登記である。

16 各種の契約

 ここがポイント 出題頻度はあまり高くないものの、無視するのは危険です。重要なポイントに絞って学習しましょう。

 チャレンジ!! 『テーマ別厳選過去問』1 権利関係 ● 問題 51 〜 53

1 各種の契約の比較

10年間に 5回出た! 各種の契約の主要な特徴について、ポイントを整理・比較しよう。

	イメージ	主要な特徴
委任	法律行為を依頼する	● 原則、**無償**であり、受任者は**善管注意義務**を負う。 ● いつでも当事者は解除できるが、相手方に不利な時期に解除すると損害賠償が必要。 ● 委任者の死亡・破産、または受任者の死亡・**破産・後見開始の審判**で終了する。
請負	仕事の完成を依頼する	● 完成した目的物に契約不適合があった場合、注文者は、担保責任として履行の追完請求・報酬の減額請求・損害賠償請求・解除を主張できる。ただし、原則として、不適合を知った時から**1年以内**に通知する必要がある。 ● 注文者は、仕事の**完成前**は、いつでも損害を賠償して解除できる。
贈与	タダで物をあげる	● 書面によらない贈与は、**履行が完了**（登記または引渡し）するまで解除できる。 ● 贈与者は、原則として担保責任を**負わない**が、**負担付贈与**の場合、負担の限度で責めを負う。
使用貸借	タダで物を借りる	● 使用借権は**登記できず**、第三者に対抗できない。 ● 通常の必要費は、**借主**が負担する。 ● 借主の死亡で終了し、**貸主**の死亡では終了しない。
消費貸借	借金を消費した後に返済する	返還時期を定めない場合、借主はいつでも返還できるが、貸主は相当の期間を定めて**催告する**ことが必要。

10年間に
3回出た！

賃貸借と使用貸借について、ポイントを比較しておこう。

	賃貸借	使用貸借
有　償　性	あり	なし
契 約 の 成 立	合意のみ	合意のみ
対 抗 要 件	登記	なし（登記できない）
無 断 転 貸 等	解除原因になる	
通常の必要費	貸主の負担	借主の負担
貸 主 の 死 亡	終了しない	
借 主 の 死 亡	相続人が承継	終了
借 地 借 家 法	適用あり	適用なし

この章で
覚ゼッタイ
えよう!!

- 委任は、当事者がいつでも解除できるが、相手方に不利な時期の解除の場合は、損害賠償が必要。
- 請負では、契約不適合責任として履行の追完・報酬の減額・損害賠償の請求、契約の解除ができる。
- 書面によらない贈与は、履行が終わるまでは、解除できる。
- 使用借権は登記できず、第三者に対抗できない。
- 使用貸借は借主の死亡で終了するが、貸主の死亡では終了しない。

17 不法行為

ここが ポイント "被害者の救済" という制度趣旨をふまえて、加害者の 責任の内容を押さえておきましょう。

チャレンジ!! 『テーマ別厳選過去問』1 権利関係 ▶ 問題 54 ～ 56

1 不法行為の損害賠償請求権

OK

10年間に 4回出た!　　不法行為による損害賠償請求権は、故意または過失により、違 法に、他人の身体・財産・名誉等を侵害した場合に成立する。そ の性質を、**債務不履行による損害賠償請求権**と比較しながら、押 さえておこう。

	不法行為	債務不履行
履行遅滞の 時　　期	不法行為の時から遅滞と なる。	履行の請求を受けた時から 遅滞となる。
過 失 相 殺	被害者の過失を考慮する ことができる（任意的）。	債権者の過失を考慮しなけ ればならない（必要的）。
消 滅 時 効	●損害及び加害者を知っ た時から3年（人の生 命・身体を害する場 合は5年） ●不法行為時から20年	●債権者が行使できること を**知った時から5年** ●行使することができる時 から**10年**
相殺の禁止	●悪意による不法行為 ●人の生命・身体の侵害 による場合 　加害者からの相殺は禁止	●人の生命・身体の侵害に よる場合 　加害者からの相殺は禁止

2 使用者責任

OK ☐

10年間に
2回出た!

　ある事業のために他人を使用する**使用者**は、被用者が事業の執行について第三者に加えた損害について、被用者と連帯して責任を負う。

事業の執行について	事業の執行にあたるか否かは、**客観的に外形で判断**する。
被用者と連帯して	●被害者は、被用者と使用者の双方に、**損害全額**を賠償請求できる。 ●使用者が賠償責任を履行した場合、**信義則上相当**と認められる限度で、被用者に**求償**できる。

3 工作物責任

OK ☐

10年間に
1回出た!

　工作物の瑕疵によって他人に損害を加えた場合、占有者が過失責任を負い、占有者に過失がないときは、所有者が二次的に無過失責任を負う。

一次的責任	占有者が**過失責任**を負う。
二次的責任	所有者が**無過失責任**を負う。
他に責任がある場合	損害の発生について他に責任がある者が存在する場合、占有者または所有者は、その者に**求償**できる。

注文者は、原則として、請負人がその仕事について第三者に加えた損害を賠償する責任を負わない。ただし、注文または指図に過失があった場合は、注文者も責任を負う（注文者の責任）。

数人が共同で加害行為をした場合、またはそのうちの誰が加害行為を行ったかがわからない場合でも、被害者は、その全員に対して、それぞれ全額の賠償請求をすることができる。

この章で覚えよう!!ゼッタイ

- 故意または過失により、違法に他人の身体・財産・名誉等を侵害した者は、損害賠償責任を負う。
- 不法行為に基づく損害賠償請求権は、損害及び加害者を知った時から3年（人の生命・身体を害する場合は5年）、不法行為時から20年で消滅する。
- 使用者は、被用者が事業の執行に際して他人に加えた損害について、被用者と連帯して責任を負う。
- 工作物の瑕疵によって他人に損害を与えた場合、一次的には占有者が過失責任を負い、二次的に所有者が無過失責任を負う。
- 共同不法行為者は、各自が連帯して損害賠償責任を負う。

18 相 続

ここがポイント 法定相続人と法定相続分の理解を前提に、遺言や遺留分の規定までマスターしましょう。

チャレンジ!! 『テーマ別厳選過去問』1 権利関係 ▶ 問題 57 ～ 64

亡くなった人（被相続人）の権利・義務を引き継ぐのが「**相続**」である。遺言があればそれを優先するが、なければ**法定相続の規定**によることととなる。

1 法定相続人と法定相続分

OK

法定相続人とその法定相続分は、次のとおりである。

10年間に**5**回出た!

	法定相続人	法定相続分
第1順位	配偶者と子	配偶者1／2、子1／2
第2順位	配偶者と直系尊属	配偶者2／3、直系尊属1／3
第3順位	配偶者と兄弟姉妹	配偶者3／4、兄弟姉妹1／4

危険!

落とし穴

- 同一順位の相続人が複数いる場合、原則として、頭割りになる。
- 相続人が、被相続人より先にまたは同時に死亡した場合、その相続人の子が代襲相続する。相続人が欠格・廃除となった場合もその子が代襲するが、放棄は代襲原因にならない。
- 胎児も子として、相続資格を有する。

2 相続の承認と放棄

10年間に **3**回出た!

相続人は、**相続の承認・放棄の意思表示**をすることができる。

単 純 承 認	●プラスの財産もマイナスの財産も包括的に承継すること ●相続人は、**自己のために相続開始があったことを知った日から３か月**以内に承認・放棄等の意思表示をしないと、**単純承認**したものとみなされる。
限 定 承 認	●プラスの財産の範囲でマイナスの財産を承継すること ●相続人は全員で、限定承認をしなければならない。
放 棄	●相続人としての地位を放棄すること ●相続を放棄すると、初めから**相続人でなかった**とみなされる。

危険! **落とし穴** 相続開始前の承認・放棄はできない。また、相続開始後に承認・放棄の意思表示をすると、それを撤回することができない。

3 相続の欠格と廃除

10年間に **1**回出た!

相続人は、**欠格**または**廃除**によって相続権を失う。

欠 格	被相続人を殺害して刑に処せられた、または遺言を偽造した等の場合、その相続人は、**当然に**相続権を失う。
廃 除	被相続人が、虐待・侮辱等の著しい非行をした相続人に対し、**請求により**相続権をはく奪すること。

4 遺言

遺言とは、被相続人の最終の意思表示であり、その方式が次のように定められている。

自筆証書遺言	全文・日付・氏名を**自書**し（**相続財産の目録**については、**自書不要**）、印を押す。
公正証書遺言	証人2人以上の立会いで遺言者が遺言の内容を公証人に口述し、公証人が筆記する。
秘密証書遺言	遺言者が証書に署名・押印し、その印で封印したうえで、**公証人**に提出する。

- 遺言は、15歳以上であればすることができる。
- 夫婦であっても、同一の証書による遺言はできない（共同遺言の禁止）。
- 自筆証書遺言・秘密証書遺言の執行には、家庭裁判所の検認を受けなければならない。ただし、検認を怠っても遺言は無効とはならない。
- 遺言はいつでも撤回でき、撤回権の放棄は認められない。
- 前後2つの遺言の内容が矛盾する場合、後の遺言で、前の遺言を取り消したものとみなされる。

10年間に 2回出た! ▶ 　**配偶者居住権**とは、夫婦の一方が亡くなった場合に、残された配偶者が、亡くなった人が所有していた建物で亡くなった時にその配偶者が居住していた建物（**居住建物**）に、無償で居住できる権利である。

❶存続期間	原則：配偶者の終身 例外：**遺産分割協議、遺言、家庭裁判所**による**別段の定め**
❷登　記	● 所有者は、配偶者に登記を備えさせる義務を負う。 ● 登記をしなければ、第三者に対抗できない。
❸注意義務、 　費用の負担、 　譲渡・転貸	配偶者は、 ● 善良な管理者の注意義務で使用収益する必要がある。 ● 通常の必要費を負担する。 ● 配偶者居住権は、譲渡不可。 ● 所有者の承諾がなければ、居住建物を増改築・転貸することは不可。
❹修　繕	● 配偶者は、必要な修繕ができる。 ● 配偶者が必要な修繕をしないときは、所有者が修繕できる。

遺留分とは、一定の相続人に認められる相続財産の一定割合である。

10年間に **1**回出た!

遺 留 分 権 利 者	兄弟姉妹以外の法定相続人
遺留分の 割　　合	●相続人が**直系尊属のみの場合** ▶ 法定相続分の１／３ ●その他の場合 ▶ 法定相続分の１／２
遺 留 分 侵害額の 請 求 権	遺留分権利者（承継人）は、受遺者・受贈者に対し、遺留分侵害額に相当する**金銭**の支払を請求することができる。
消滅時効 の期間	●相続の開始及び遺留分を侵害する贈与・遺贈があることを**知った時から１年間**行使しないとき ●**相続開始の時**から１０年を経過したとき

- 遺留分は、相続開始前でも、家庭裁判所の許可を得れば放棄することができる。
- 各自の遺留分は、全体の遺留分（原則：１／２）を法定相続分で割って、求めることができる。

- 法定相続人と相続分は、❶配偶者と子で各１／２、❷配偶者と直系尊属で２／３と１／３、❸配偶者と兄弟姉妹で３／４と１／４。
- 同順位の相続人が複数いるときは、原則として、頭割りとなる。
- 相続人は、自己のために相続開始があったことを知った日から３か月以内に承認・放棄等の意思表示をしないと、単純承認したものとみなされる。
- 兄弟姉妹は、遺留分を有しない。
- 遺留分は、直系尊属のみが相続人なら１／３、その他は１／２。

19 借地借家法－①借地関係

重要度 ★★★ S

ここがポイント 借地関係は「建物の存続」がキーワード。細かい規定もありますが、しっかり学習しましょう。

チャレンジ!! 『テーマ別厳選過去問』1 権利関係 ▶ 問題 65 ～ 73

　借地借家法は、主として借主の保護を目的とした特別法である。前出第 15 章で学習した「民法上の賃貸借の規定」をどう修正して適用しているのかを、常に意識しよう。

危険! 落とし穴 一時使用目的の借地権には、原則として借地借家法の適用はない（借家権も同様）。

1 借地権の存続期間と法定更新 OK □

10年間に 7回出た!

　建物所有を目的とする土地の賃借権または地上権を**借地権**という。建物の存続を前提とすることから、その**存続期間と更新**は、次のようになる。

存続期間	当初の存続期間 30 年以上 ● 1 回目の更新 20 年以上 ● 2 回目以降の更新 10 年以上
法定更新	存続期間満了時に**建物が存在する**場合 ▶ 借地権者が**更新の請求**をし、または土地の**使用を継続**する場合に、借地権設定者（地主）が**正当事由**をもって遅滞なく異議を述べないと、借地権は更新される。

正当事由は、当事者が土地の使用を必要とする事情、土地の利用状況や財産上の給付等の事情を、総合的に考慮して判断する。

2 存続期間中の建物滅失・再築

OK

10年間に
1回出た!

借地権の存続期間中に建物の滅失または取壊しにより、借地権者が残存期間を超えて存続すべき建物を築造する場合、次のように扱われる。

	当初の借地期間	更新後の借地期間
借地権設定者の承諾あり	存続期間は、承諾または再築の早い日から20年に延長される。ただし、残存期間がこれより長い場合は残存期間となる。	
みなし承諾	借地権者の再築の通知に対し、借地権設定者が2か月以内に異議を述べないと、承諾とみなされる。	みなし承諾は適用されない。
借地権設定者の承諾なし	再築は可。ただし、存続期間は延長しない。	借地権者が無断で再築すると、借地権設定者は解約の申入れをすることができる。

更新後の存続期間に建物が滅失し、再築につきやむを得ない事由があるにもかかわらず借地権設定者が承諾しない場合、裁判所は、借地権者の請求により、借地権設定者の承諾に代わる許可をすることができる。

3 建物買取請求権

10年間に
4回出た!

　期間満了で更新がなく、しかも建物が存在する場合、借地権者は、借地権設定者に対して**時価**で建物の買取りを請求することができる。

 借地権者の地代不払い等の債務不履行により解除された場合は、建物買取請求はできない。

4 借地権の対抗要件

10年間に
7回出た!

　賃借権の登記は、賃貸人が登記に協力する義務を有しないため、賃借人が備えるのが困難である。よって、この登記に代わる対抗要件が認められている。

建物の登記	**借地上の建物**について**借地権者名義の登記**（所有権保存または建物の表題登記）をすれば、借地権を第三者に対抗できる。
掲　　　示	登記した建物が滅失した場合、建物特定に必要な表示等を土地の上に**掲示**すれば、**滅失の日から2年間**は、対抗力が維持される。

5 借地上の建物の譲渡・競売

10年間に
1回出た!

　借地上の建物を**譲渡**すると借地権も同時に譲渡することとなるため、借地権設定者の承諾が必要になる。また、建物の**競売**についても、同様の問題が生じる。

譲 渡	借地上の建物の譲渡につき、借地権設定者に**不利となるおそれがないにもかかわらず**承諾が得られない場合 ▶ 借地権者は、裁判所に対し、借地権設定者の**承諾に代わる許可**を求めることができる。 ▶ 承諾なく譲渡を受けた**第三者**は、借地権設定者に対し、**建物買取請求権**を行使できる。
競 売	借地上の建物を競売により取得したが、借地権設定者に**不利となるおそれがないにもかかわらず**、承諾が得られない場合 ▶ 競売により建物を取得した**第三者**は、裁判所に対し、借地権設定者の**承諾に代わる許可**を求めることができる。また、**建物買取請求権**も行使できる。

6 地代等増減請求権

地代等が、経済事情の変動、または近傍類似の土地の地代等に比較して不相当となった場合、当事者は、**地代等の額の増減**を請求することができる。

増 減 請求権	● 請求により、**将来に向かって増減の効力**が生じる。 ● 当事者間に協議が調わない場合、裁判確定までは、 ▶ **増額**請求の場合、**借地権者が相当**と認める額を支払う。 ▶ **減額**請求の場合、**借地権設定者が相当**と認める額を請求できる。 ▶ 裁判が確定し、既払額に過不足が生じた場合は、**年1割の利息**が必要。

増額請求を認めない特約は有効であるが、減額請求を認めない特約は無効である。また、借家契約にも、本規定と同趣旨のものがある。

10年間に5回出た!

期間満了により確定的に終了する借地権として、次のものがある。

定期借地権	● 存続期間を 50 年以上とし、書面（電磁的記録）で契約をすること。 ● 法定更新・建物再築による存続期間の延長・建物買取請求権の規定は適用されない。
事業用定期借地権	● 存続期間を 10 年以上 50 年未満とすること。 ● 専ら事業の用に供する建物の所有を目的とすること。 ● 公正証書により契約をすること。 ● 法定更新・建物再築による存続期間の延長・建物買取請求権の規定は適用されない。
建物譲渡特約付借地権	● 借地権設定時に、30 年以上経過した日に建物を借地権設定者に譲渡する旨の特約をすることができる。 ● 特約の実行で借地権は消滅する。ただし、借地権者または建物の賃借人で、建物を使用している者が請求したときは、借地権設定者を賃貸人とする建物賃貸借が成立する。

危険！ 建物譲渡特約付借地権は、通常の借地権に建物譲渡特約を付けたものにすぎない。また、この特約には、書面は必要とされていない。

この章で覚えよう!! ゼッタイ

● 借地権の存続期間は、当初 30 年以上、1 回目の更新は 20 年以上、2 回目以降の更新は 10 年以上。

● 期間満了時に建物がある場合、借地権者の更新請求または使用継続に対し、借地権設定者が正当事由をもって遅滞なく異議を述べないと、契約は更新される。

● 期間満了で借地権が消滅した場合、建物買取請求ができる。

● 借地権者名義の借地上の建物の登記で第三者に対抗できる。建物が滅失した場合、掲示により 2 年間対抗力を維持できる。

● 借地上の建物の譲渡に借地権設定者の承諾が得られない場合、裁判所に、承諾に代わる許可を求めることができる。

● 定期借地権は、存続期間 50 年以上で、書面（電磁的記録）で特約しなければならない。

● 事業用定期借地権は、事業用建物を所有する目的で、存続期間 10 年以上 50 年未満として、公正証書で契約しなければならない。

重要度
★★★ S

20 借地借家法ー②借家関係

ここが
ポイント
借家関係は、民法の賃貸借との混合出題が多くみられます。転貸や転借人の保護の規定に注意しましょう。

🖊️ **チャレンジ!!** 『テーマ別厳選過去問』1 権利関係 ▶ 問題 74 〜 81

1 建物賃貸借の存続期間と法定更新

OK ☐

　一時使用を除き、建物の種類を問わず、建物賃貸借には**借地借家法**が適用され、その存続期間と更新は、次のようになる。

10年間に
7回出た!

存続期間	上限はなし、下限は1年。1年未満の期間を定めても無効となり、期間の定めがないものとみなされる。
法定更新	存続期間が満了した場合 ▶ 当事者が期間満了の1年前から6か月前までに更新しない等の通知をしなかった場合、更新したものとみなされる。 ▶ この通知をしても、賃借人が建物の使用を継続し、賃貸人が遅滞なく異議を述べない場合、更新したものとみなされる。

危険!

落とし穴

- 賃貸人が更新しない旨の通知をするには、正当事由が必要。
- 法定更新後の賃貸借は、期間の定めがない賃貸借となるほかは、従前の契約と同一の条件になる。

2 解約の申入れ

10年間に
3回出た!

　建物賃貸借につき、期間を定めないこともできる。この場合、
契約は、**当事者の解約の申入れにより終了**する。

解約の 申入れ	●賃貸人からの申入れ ▶ 正当事由により６か月後に終了
	●賃借人からの申入れ ▶ ３か月後に終了（正当事由不要）

3 建物賃貸借の対抗力

10年間に
3回出た!

　建物の**賃借権**は、登記がなくても、**引渡しがあれば第三者に対
抗できる。**

4 造作買取請求権

10年間に
5回出た!

　賃借人は、契約終了時に、賃貸人に**造作の買取り**を請求できる。

造作とは	賃貸人の同意を得て建物に付加した畳・建具等
買　取 請求権	●存続期間の満了、または解約の申入れで契約が終了 　した場合に、買取請求ができる。 ●買取請求権を排除する特約は、**有効**である。

●債務不履行で契約が終了した場合は、買取請求ができ
　ない。
●造作の買取代金では、建物に留置権は成立しない。

5　居住用建物の賃借権の承継

10年間に
1回出た!

　居住用建物の賃借人が、相続人なしに死亡した場合、事実上の夫婦または養親子と同様の関係にあった同居者は、その賃借権を承継する。ただし、死亡を知った時から1か月以内に反対の意思表示をしたときは、承継しない。

 特約で、本規定を排除する（同居者が賃借権を承継しないとする）ことができる点に注意。

6　建物の転貸と転借人の保護

10年間に
6回出た!

　賃借人が建物を**転貸**するには、**賃貸人の承諾**が必要であり、借地のような裁判所の許可制度はない。また、承諾を得て転貸した場合、賃貸借契約が終了すると、その終了原因によって、転貸借は次のようになる。

終了原因	転貸借に及ぼす効果
期間満了	賃貸人は、賃貸借の終了を転借人に**通知**しないと、契約の終了を対抗できず、通知をすると、6か月後に転貸借は終了する。
合意解除	賃貸人は、賃貸借の終了を転借人に**対抗できない**。
賃借人の債務不履行	賃貸人は、転借人に**直ちに明渡し**を求めることができる。

 合意解除の場合でも、解除した当時、賃貸人が賃借人に対して債務不履行による解除権を有していたときは、対抗できる。

借地上の建物は、**借地権者が自由に賃貸**できる。しかし、借地権が消滅すると、その終了事由によって、建物賃借人の扱いは、次のようになる。

終 了 原 因	借地上の建物賃借人に及ぼす効果
期 間 満 了	賃借人は、借地権の期間満了を1年前までに知らなかった場合、裁判所に対し、1年以内で土地の明渡しにつき期限の許与を受けることができる。
借地権者の 債務不履行	直ちに明渡しに応じなければならない。

8　定期建物賃貸借等

10年間に
10回出た！

更新しない建物賃貸借として、次のものがある。

定 期 建 物 賃 貸 借	● 存続期間を定めること（1年未満も可） ● 更新しない旨を記載した書面（電磁的記録）を交付して説明すること（ITの方法によることもできる） ● 契約を書面（電磁的記録）ですること 　▶ 期間が1年以上の場合、賃貸人は、期間満了の1年前から6か月前までに終了の通知をしないと、終了を主張できない。 　▶ 床面積**200m²未満**の**居住用建物**で、転勤・療養等の**やむを得ない事由**により、生活の本拠として利用することが困難になった場合、賃借人は、**中途解約の申入れ**ができ、申入れから**1か月経過後**に、契約は終了する。
取壊し予定の 建物の賃貸借	● 法令または契約により、一定期間経過後に建物を取り壊すべきことが明らかであり、建物取壊しの時に賃貸借が終了する旨を特約すること ● 上記の特約を、書面（電磁的記録）ですること

- 借家の存続期間は、上限がなく、１年未満は、期間の定めがないものとなる。
- 期間満了の１年前から６か月前までに更新拒絶の通知をしないと、更新される。
- 期間の定めがない借家契約は、当事者の解約申入れにより終了する。
- 建物の賃借権は、引渡しがあれば第三者に対抗できる。
- 造作買取請求権と居住用建物の賃借権の承継の両規定は、特約で排除できる。
- 定期建物賃貸借は、更新しない旨を記載した書面（電磁的記録）を交付して、説明する必要がある。かつ、契約も書面（電磁的記録）で行う必要がある。

21 区分所有法

重要度 ☆★★ B

ここがポイント 区分所有建物の権利関係の知識を前提に、**管理**や**集会**といった規定に絞って学習しましょう。

チャレンジ!! 『テーマ別厳選過去問』1 権利関係 ▶ 問題 82 ～ 88

区分所有法は、民法上の諸規定を修正した特別法である。試験対策上は、主として「分譲マンション」を、典型例として思い浮かべればよい。

1 専有部分と共用部分

10年間に 3回出た! ▶

分譲マンションは、**専有部分**と**共用部分**で構成される。

専有部分	一棟の建物内で構造上区分され、独立して住居・店舗等の用途に供することができるもの ▶ **区分所有権**が成立する。
共用部分	専有部分以外の建物の部分及び専有部分に属しない建物の付属物 ▶ 区分所有者が共有し、持分を有する。

法定共用部分	廊下または階段室等、**構造上**区分所有者の全員またはその一部の共用に供されるべき建物の部分
規約共用部分	専有部分または付属の建物で、**規約により**共用部分とされたもの

- ▶ 各共有者の共用部分の持分は、その有する**専有部分の床面積**の割合による。
- ▶ 専有部分の床面積は、壁その他の区画の**内側線**で算定する。
- ▶ 共有者の持分は、その有する専有部分の処分に従い、原則として、専有部分と**分離して持分を処分する**ことができない。

2 共用部分の管理・保存・変更

OK ☐

管理行為（利用または改良行為） （例：火災保険契約の締結等）	普通決議（区分所有者及び議決権の各過半数）
保存行為 （例：修理・修繕等）	●集会の決議不要 ●各共有者が単独でできる
変更行為	重大変更	特別決議（各3／4以上）
	軽微変更	普通決議（各過半数）

3 敷地利用権

OK ☐

専有部分の区分所有権を有する者を**区分所有者**といい、区分所有者は、その敷地を利用する権利（**敷地利用権**）を有する。

10年間に
1 回出た!

敷　地	法定敷地 ▶ 建物が所在する土地
	規約敷地 ▶ 建物及び法定敷地と一体として管理または使用する庭・通路等で、規約により建物の敷地とされたもの
敷　地 利用権	所有権または借地権等 共有持分は、原則として専有部分の床面積の割合
分離処分 の 禁 止	区分所有者は、規約に別段の定めがない限り、専有部分と敷地利用権を分離して処分することができない。

4 管理組合と管理者

OK ☐

分譲マンションの**管理**は、次のように行う。

管理組合	区分所有者は、**全員**で、管理組合を構成し、管理の主体となる。
管 理 者	区分所有者は、**規約**または**集会の決議**で、管理者を選任・解任できる。 ▶ 管理者は、その職務に関し区分所有者を**代理**し、規約または集会の決議により、原告または被告となることができる。

5 集会

10年間に
10回出た!

区分所有者は、**規約**を定め、**集会**を開催することができる。**集会の決議**は、区分所有者、その承継人、占有者に対しても、その効力を生じる。

集会の招集

- 管理者は、少なくとも**毎年1回**、集会の招集が必要。
- 区分所有者の1／5以上で議決権の1／5以上を有する者は、管理者に対して集会の招集を請求できる。
- 集会の招集通知は、会日より少なくとも1週間前に発しなければならない。ただし、期間は規約で**伸縮**できる。
- 区分所有者全員の同意により、招集手続を省略できる。

議決権

- 議決権は、原則として、**専有部分の床面積の割合**による。
- 議決権は、書面または**代理人**によって行使できる。
- 区分所有者全員の承諾があるときは、集会を開催せずに、書面または電磁的方法で決議できる。
- 区分所有者全員の書面等の合意により、集会の決議とみなされる。

占有者に議決権はない（意見陳述権のみ）。

決議事項

- 原則として、区分所有者及び議決権の**各過半数**で決する。
- 次の事項は、区分所有者及び議決権の**各3／4以上**により決せられ、❶は区分所有者の定数のみ過半数まで減じることができるが、他は規約で別段の定めができない（**特別決議**）。
  ❶ 形状・効用の著しい変更を伴う共用部分の変更（重大変更）
  ❷ 規約の設定・変更・廃止
  ❸ 管理組合の法人化
  ❹ 共同の利益に反する行為をした者に対する専有部分の使用禁止請求・競売請求・引渡し請求の訴え
  ❺ 建物の価格の1／2を超える共用部分の滅失の復旧
- 建替え決議は、区分所有者及び議決権の**各4／5以上**で決する。

- 形状・効用の著しい変更を伴わない共用部分の変更（軽微変更）は、区分所有者及び議決権の各過半数で決し、保存行為は単独でできる。
- 規約の設定等により特別の影響を受ける者があるときは、決議に加え、その者の承諾が必要となる。
- 共同の利益に反する行為をした者に対する停止請求（差止請求）は、区分所有者及び議決権の各過半数で決する。

議事録等
- 議長は、書面（電磁的記録）で議事録を作成し、それに議長及び集会に出席した区分所有者 2 人の署名（それに代わる措置）をしなければならない。
- 議事録や規約の保管場所は、建物内の見やすい場所に掲示しなければならない。

6 その他

OK □

（1）公正証書による原始規約

10年間に
4回出た!

　最初に**専有部分の全部**を所有する者は、公正証書により、規約共用部分等、一定の事項について規約を設定することができる。

（2）規約の保管・閲覧

　規約は管理者等が保管し、利害関係人から請求があったときは、**閲覧**に供しなければならない。

- 区分所有権は、専有部分のみに成立する。
- 専有部分と敷地利用権は、原則として分離処分が禁止される。
- 管理者は、少なくとも毎年 1 回集会を招集しなければならない。
- 区分所有者全員の同意により、集会の招集手続きを省略できる。
- 集会の決議は、原則として、区分所有者及び議決権の各過半数で決する。
- 規約の設定・変更・廃止は、区分所有者及び議決権の各 3／4 以上により決する。
- 建替え決議は、区分所有者及び議決権の各 4／5 以上で決する。

22 不動産登記法

真正面から学習すると効率が悪いです。最初は絞り込んで学習し、過去問等で知識を補いましょう。

チャレンジ!! 『テーマ別厳選過去問』1 権利関係 ▶ 問題89〜94

1 不動産の登記

OK □

10年間に **6**回出た!

! 法改正

不動産の登記は、不動産の**物理的状況**と**権利関係**を公示する。

表示に 関する登記	物理的状況の登記。土地については所在・地積・地目等が、建物については所在・種類・構造等が、**表題部**に記録される。 ▶ 原則として、**1か月以内**の申請義務がある。
権利に 関する登記	権利関係の登記。所有権の保存・移転・抹消の登記や抵当権の設定登記等が、**権利部**（所有権関連は甲区、所有権以外は乙区）に記録される。 ▶ 権利に関する登記は、原則として、**申請義務がない**（相続登記は、例外的に**申請義務あり**）。

登記記録を公開するため、誰でも登記事項証明書の交付を求めることができる。

2 登記の申請手続

OK □

10年間に **5**回出た!

不動産の登記は、その不動産の**所在地を管轄する登記所**に備えられる。

登記手続の代理権は、本人の死亡によって消滅しない。

申請主義	登記は、当事者の申請または官公署の嘱託によりなされる。 ▶ 例外的に、建物の新築・滅失の表題登記等は、登記官の職権登記も認められている。
共同申請 主　義	権利に関する登記は、登記権利者と登記義務者で共同申請しなければならない。 ▶ 例外として、所有権保存、相続・合併による所有権移転、登記名義人表示変更の登記、確定判決による登記などは、単独申請による。 ▶ **表示に関する登記**は、単独申請による。
1件1申請 主　義	登記の申請は、登記の目的及び登記原因ごとに、1つの不動産ごとにしなければならない。 ▶ 同一の登記所の管轄区域内の2個以上の不動産について、登記の目的・登記原因及びその日付が同一であるときは、一括申請することができる。

3 権利に関する登記

OK ☐

権利に関する登記について、試験対策上重要なポイントは、以下のとおりである。

10年間に
4回出た!

所 有 権 保存登記	初めてする所有権に関する登記。 ❶表題部所有者またはその相続人 ❷確定判決で所有権が確認された者 ❸収用で所有権を取得した者 上記❶〜❸以外は、申請することができない。
仮 登 記	登記の順位を確保するためにする登記。仮登記を後日、本登記にすると、その本登記の順位は、**仮登記**の順位となる。 ▶ 仮登記義務者の**承諾**または仮登記を命じる**処分**があるときは、登記**権利者**が単独で仮登記を申請できる。 ▶ 所有権に関する仮登記を本登記にするには、**利害関係者の承諾**またはこれに対抗できる裁判が必要である。
抹消登記	権利に関する登記を抹消する場合、**利害関係者の承諾**またはこれに対抗できる裁判が必要である。

10年間に **2**回出た!

分筆・合筆の登記	１個の不動産として登記されている土地を、複数の土地とするものを**分筆の登記**といい、複数の不動産として登記されている土地を１個の土地とするものを**合筆の登記**という。 ▶ いずれも申請義務がなく、登記によって効力が生じる。 ▶ 地目・登記名義人・持分が異なる土地、または接続しない土地は、合筆することができない。

5　区分建物に関する登記　OK

10年間に **4**回出た!

区分建物の登記には、いくつかの特別なルールが設けられている。

区分建物の登記	● 原始取得者が、一棟の建物の表題登記とともに、各区分建物の表題登記を一括して申請しなければならない。 ● 区分建物の所有権保存登記は、**表題部所有者から所有権を取得した者**も、申請することができる。 ● 規約共用部分の登記は、**表題部に記録**される。 ● 登記官は、敷地権について表題部に最初に登記する場合、職権で、その敷地利用権が敷地権である旨の登記をする。

覚**ゼッタイ**えよう!!

● 表示に関する登記は、原則として１か月以内の申請義務があり、職権登記もできるが、権利に関する登記は、原則として申請義務がない（相続登記は、例外として申請義務あり）。

● 権利に関する登記は共同申請が原則。例外として、所有権保存、相続・合併による所有権移転登記は、単独申請による。

● 所有権保存登記は、表題部所有者またはその相続人、確定判決で所有権が確認された者等以外は、申請することができない。

● 仮登記義務者の承諾または仮登記を命じる処分があるときは、登記権利者が単独で、仮登記を申請できる。

第2編

宅建業法

宅建業法は、50問中20問も出題される「最重要分野」です。引っかけ問題がよく出されるので、しっかり比較整理をして、ポイントをきちっと把握することがとても大切です。"満点"を狙って勉強しましょう！

1 用語の定義

用語の定義は**学習の基本**です。「宅地・建物・取引・業」というそれぞれの語句の定義を把握しましょう。

チャレンジ!! 『テーマ別厳選過去問』2 宅建業法 ▶ 問題 1 〜 3

宅地建物取引業を営むには免許を受けなければならない。そこで、免許が必要となる「宅地・建物」「取引」「業」とは何か、が問題となる。

1 「宅地」の定義

宅地の定義は、**用途地域内**とそれ以外に区別して理解しよう。

用途地域内	● 原則 ▶ 宅地である。
	● 例外 ▶ 現在、「道路・公園・河川・広場・水路」である敷地は、宅地ではない。
用途地域外	登記上の地目を問わず、①現に建物の敷地である土地、②建物の敷地に供する**目的**で取引される土地は、宅地である。

 用途地域内では、畑や青空駐車場も「宅地」だが、用途地域外においては、それらは宅地ではない。

2 「宅地建物取引業」の定義

10年間に
10回出た!

宅地建物取引業は、「宅地・建物」の「取引」を「業」として行うことをいう。

取引とは	自ら ▶売買・交換
	代理または媒介 ▶売買・交換・貸借
業 と は	不特定多数を相手に、反復継続すること。

- 「自ら貸借」は取引にあたらず、宅地建物取引業ではない。また、転貸も同様に、宅地建物取引業ではない。
- 宅地分譲の売主は、他の業者に代理や媒介を依頼しても、自ら宅地建物取引業を行うことに変わりはないので、免許が必要である。

3 「宅地建物取引業者」の定義

10年間に
6回出た!

宅地建物取引業者とは、免許を受けて宅建業を営む者をいう。なお、次の三者は、**免許がなくても宅建業をすることができる。**

国 等	宅建業法の適用が、全面的にない。
信 託 銀 行 等	免許に関する規定のみ適用がないため、宅建業を営む場合は、国土交通大臣に届出をすれば、国土交通大臣免許の宅建業者とみなされる。
「みなし業者」	宅建業者に免許の失効・取消処分・死亡等があった場合、本人または相続人は、死亡等の前に行った取引を結了する目的の範囲内で、なお宅建業者とみなされる。

「信託銀行等」には、免許取消しに関する規定も適用されない。しかし、指示処分や業務停止処分は適用され、営業保証金も必要となる。

4 「事務所」の定義

宅建業者の**事務所**に関して注意すべき点は、次のとおりである。

本　店 （主たる事務所）	宅建業を営む支店を有する限り、本店は、**常に事務所**となる。
支　店 （従たる事務所）	**宅建業を営むもの**だけが「事務所」である。また、継続的に業務を行うことができる施設を有する場所で、契約の締結権限を有する使用人を置く場合も、支店と同様に「事務所」と扱われる。

　宅建業者の事務所には、❶業務に従事する者の1／5以上の割合の専任の宅建士、❷従業者名簿、❸帳簿、❹報酬額、❺標識の5点を、必ず設置・掲示しなければならない。

5 案内所等

「**案内所等**」は、次の2種類に分けられる。

案内所等	関連規定
契約の締結・申込みを受ける案内所	● 専任の宅地建物取引士を1人以上設置 ● 業務開始の10日前までに届出 ● 標識の掲示が必要 ● 土地に定着していない場合は、クーリング・オフが適用される。
それ以外の案内所	● 標識の掲示が必要 ● クーリング・オフが適用される。

この章で **覚えよう!! ゼッタイ**

- 用途地域内の土地は、「現在、道路等の敷地」以外は、すべて宅地。
- 自ら貸借は、「宅建業」ではない。
- 宅建業者に代理を依頼しても、分譲の場合の売主は、免許が必要。
- 宅建業を営む支店を有する本店は、常に「事務所」に該当する。
- 事務所には、❶5名に1名以上の割合の専任の宅地建物取引士、❷名簿、❸帳簿、❹報酬額、❺標識の5点を必ず設置。
- 契約を締結する案内所には、専任の宅地建物取引士を1人以上必ず設置。

重要度 ★★★ S

2 免許制度

 ここが ポイント
宅建業法の前半のヤマ場が「**免許の欠格要件**」です。ポイントを確実に押さえましょう。

チャレンジ!! 『テーマ別厳選過去問』2 宅建業法 ▶ 問題4〜12

---

1 免許の区分
 OK □

　宅建業の免許には、**都道府県知事免許**と**国土交通大臣免許**の2種類がある。

| 知事**免許** | 1の都道府県にのみ事務所を設置する場合 |
| 大臣**免許** | 2以上の都道府県に事務所を設置する場合 |

 危険! 落とし穴
どちらの免許でも、その効力に違いはない。

---

2 免許の有効期間と更新等
 OK □

10年間に **4**回出た!

有 効 期 間	5年
更新の手続き	有効期間満了の日の90日前から30日前までに申請する。
一身専属性	相続や法人の合併・譲渡等によっては、免許は承継されない。

 危険! 落とし穴
適正な期間内に更新の申請をしたにもかかわらず、更新の処分が有効期間の満了後になされた場合、従前の免許は、その時点まで効力を有する。ただし、新免許の有効期間は、従前の免許の有効期間満了の日の翌日から起算する。

3 免許の欠格要件

次のうちの1つの要件でも該当する者は、宅建業の**免許を受け**ることができない。

財産管理能力がない者	破産手続開始の決定を受けて復権を得ない者 ◗ 復権があれば、**直ちに免許可**
犯 罪 者	●すべての犯罪で**禁錮・懲役**の刑を受けた者 ●**宅建業法違反**、**暴力的犯罪**、**背任罪**で罰金刑を受けた者 　◗ 刑の執行を終わってから5年間は欠格 　◗ 刑の全部の執行猶予の場合、執行猶予が満了すれば**直ちに免許可** 　◗ 控訴・上告中は**免許可**
免許取消処分を受けた者	●不正手段で免許を取得した ●業務停止処分事由に該当し**情状が特に重い** ●業務停止処分に**違反した** のいずれかに該当し、**免許取消処分**を受け、処分から5年を経過しない者 　◗ 聴聞の公示日後に自ら廃業届をした場合、**届出の日から5年間**は欠格 　◗ 法人の場合は、聴聞の公示日前60日以内の**役員も5年間欠格**
不正行為者など	●暴力団員不当行為防止法に規定する暴力団員、または、暴力団員でなくなった日から5年を経過しない者（**暴力団員等**） ●申請前5年以内に、宅建業に関し不正行為等をした者 ●宅建業に関し、不正行為等をするおそれが明らかな者 ●心身の故障により宅建業を適正に営むことができない者として国土交通省令で定めるもの
関係者が欠格要件に該当する場合	●宅建業に関し、成年者と同一の行為能力を**有しない未成年者** 　◗ **法定代理人**（法定代理人が法人の場合は、その役員）が欠格要件に該当すると、未成年者本人も欠格 ●法人 　◗ **役員または政令で定める使用人**が欠格要件に該当すると、法人も欠格 ●暴力団員等がその事業活動を支配する者
形式的な要件	●事務所に設置すべき専任の宅地建物取引士の数が不足している ●申請書に虚偽記載があり、または重要な事項が欠けている

4 宅建業者名簿と変更の届出

　免許を受けると、次の事項が**宅建業者名簿**に登載され、この名簿は**一般**に**公開**される。そのため、以下の一定の登載事項が変更した場合、**届出**が必要となる。

宅建業者名簿の登載事項	変更した場合、30日以内に届出が必要な事項	●商号または名称 ●事務所の名称・所在地 ●法人は役員の**氏名**、個人はその本人の**氏名** ●政令で定める使用人があれば、その**氏名** ●事務所ごとに設置される**専任の宅地建物取引士**の**氏名**
	届出不要な事項	●免許証番号・免許の年月日 ●他に事業を行っているときは、その事業の種類 ●指示または業務停止処分を受けた履歴

役員・政令で定める使用人・専任の宅地建物取引士は、氏名のみが登載事項であり、住所や本籍等は登載されない。

5 免許換え

　例えば、秋田県知事免許の宅建業者が他県に事務所を増設すると、国土交通大臣の免許を受けなければならない。
　このような手続きを、**免許換え**という。

免許換えが必要な場合	●知事免許➡他の知事免許 ●知事免許➡国土交通大臣免許 ●国土交通大臣免許➡知事免許
免許換えの手続	●**新たな免許権者**に免許の申請をしなければならず、怠ると免許**取消処分**を受ける。 ●新免許の有効期間は**新規5年**となる。

6　廃業等の届出

　廃業等の届出とは、宅建業者が業務を廃止し、または死亡した場合等、宅建業者ではなくなった場合に行う手続である。
　その場合の、届出義務者等をまとめておこう。

事　　由	届出義務者	届出期間	免許失効の時点
死　　亡	相続人	知った日から30日以内	死亡または合併消滅の時
合 併 消 滅	消滅法人の代表役員であった者		
破 産 手 続開始の決定	破産管財人	30日以内	届出の時
法人が解散	清算人		
宅 建 業 を廃　　　止	個人・代表役員		

7　無免許事業等の禁止

　次のような無免許事業や名義貸しを行うと、3年以下の懲役または300万円以下の罰金に処せられ、また、その旨の表示や広告を行った場合も、100万円以下の罰金に処せられる。

無免許事業の禁　　　　止	免許を受けていない者は宅建業を営むことができず、宅建業を営む旨の表示をし、または広告をすることもできない。
名 義 貸 し の禁　　　　止	宅建業者は、自己の名義をもって他人に宅建業を営ませてはならず、営む旨の表示や広告をさせることもできない。

この章でゼッタイ覚えよう!!

- 「事務所が1の都道府県のみ」にある場合は知事免許、「2以上の都道府県」にある場合は大臣免許となる。

- 破産手続開始の決定を受けた者でも復権を得れば、直ちに免許を受けられる。

- 宅建業法違反・暴力的犯罪・背任罪は罰金刑以上、他は禁錮刑以上で5年欠格。

- 刑の全部の執行猶予の場合、執行猶予期間は欠格だが、その期間が満了すれば、直ちに免許可。

- 一定の事由で免許取消処分を受けると、5年間欠格。

- 法人が一定の事由で免許取消処分を受けると、役員も5年間欠格。

- 法定代理人が欠格なら、成年者と同一の行為能力を有しない未成年者も欠格。

- 役員、政令で定める使用人が欠格なら、法人も欠格。

- 商号、事務所の所在地、役員・政令で定める使用人・専任の宅地建物取引士の氏名が変更したら、30日以内に届出が必要。

- 免許換え後の免許の有効期間は、「新規に5年」となる。

- 死亡の場合は知った日から、他の場合は廃業等の日から30日以内に、届出が必要。

- 合併消滅の場合は消滅法人の代表役員、破産手続開始の決定を受けた場合は破産管財人、解散の場合は清算人が、その届出をする。

3 宅地建物取引士制度

ここがポイント 合格に絶対不可欠な知識です。**免許制度と混同しやすいため、丁寧な学習が必要です。**

 チャレンジ!! 『テーマ別厳選過去問』2 宅建業法 ▶ 問題 13 〜 16

「**宅地建物取引士**（宅建士）」とは、宅建試験に"合格"し、"登録"を受け、"宅地建物取引士証の交付"を受けた者をいう。

1 「宅地建物取引士」とは

OK ☐

宅地建物取引士になるための手続の流れを通じて、「宅地建物取引士とは何か」を理解しよう。

 10年間に 1回出た!

❶試験合格	受験資格要件はなし。不正受験は、合格の取消しに加え、3年以内で再受験が禁止される場合がある。

⬇ 試験を行った知事に対して登録の申請をする。

❷登　　録	2年以上の実務経験、または**登録実務講習の受講**が必要

⬇ 登録に有効期間はなく、消除されない限り生涯有効である。

❸宅地建物取引士証の交付	登録した知事が指定する講習（法定講習）を受講し、その知事から宅地建物取引士証の交付を受ける。 ▶「宅地建物取引士」となる。

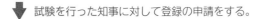 ⬇

❹専任の宅建士	宅建業者名簿に、「専任の宅地建物取引士」として登載された者

試験に合格してから１年以内に宅地建物取引士証の交付を受ける場合、**❸**の法定講習の受講は不要である。

2 登録の欠格要件

10年間に
5回出た！

　次の各要件のうちの１つでも該当する者は、宅地建物取引士の**登録を受けることができない**。この**欠格要件**には、**免許と共通**のものと**登録に特有**のものがある。

欠格要件	免許と共通	● 破産手続開始の決定を受けて復権を得ない者 ● すべての犯罪で禁錮・懲役の刑を受け５年が経過しない者 ● **宅建業法違反**、**暴力的犯罪**、**背任**罪で罰金刑を受け、５年が経過しない者 ● **❶**不正手段で免許を取得した 　**❷**業務停止処分事由に該当し情状が特に重い 　**❸**業務停止処分に違反した 　のいずれかに該当し、免許**取消処分**を受け、５年が経過しない者 　▶ 聴聞の公示日後に自ら廃業届をした場合、**届出日から５年間は欠格** 　▶ 法人の場合は、聴聞の公示日前60日以内の役員も、５年間欠格 ● 暴力団員等（暴力団員、暴力団員でなくなった日から５年を経過しない者） ● 心身の故障により宅地建物取引士の事務を適正に行うことができない者として国土交通省令で定めるもの
	登録に特有	● 不正登録等で登録の**消除処分**を受け、５年が経過しない者 　▶ 聴聞の公示日後に自ら消除申請をした場合、**消除の日から５年**が経過しない者 ● 事務禁止期間中に**自ら消除申請**をした場合に、その**禁止期間中**の者 ● 成年者と同一の行為能力を**有しない未成年者**

免許と異なり、**成年者と同一の行為能力を有しない未成年者**は、法定代理人に関係なく、登録を受けることができない。

104

3　資格登録簿と変更の登録

OK

10年間に5回出た！

　登録を受けると、次の事項が**資格登録簿**に登載される。この登録簿は公開されないが、一定の登載事項が変更したら、**変更の登録の申請**が必要となる。

変更した場合、「遅滞なく」変更の登録が必要な事項	●住所、氏名、本籍 ●宅建業者の業務に従事する者は、その業者の商号または名称、免許証番号

●専任か否かは登録されず、勤務先業者の所在地も登録されない。これらは、免許制度の業者名簿と対比しておこう。
●宅地建物取引士証の交付を受けている者は、住所・氏名が変更した場合、変更の登録の申請とともに宅地建物取引士証の書換え交付の申請をし、引換え交付を受ける必要がある。

4　登録の移転

OK

10年間に5回出た！

　例えば、静岡県知事の登録を受けている宅地建物取引士が、東京都知事の登録へと登録先を移転することを、**登録の移転**という。

登録の移転の要件	登録している都道府県以外の都道府県に所在する宅建業者の事務所の業務に従事し、または**従事しようとするとき** ▶ **事務禁止**処分期間中は、移転の申請ができない。
登録の移転の効果	●現に有する宅地建物取引士証は、**効力を失う**。 ●移転後の都道府県知事から交付を受ける宅地建物取引士証の有効期間は、従前の宅地建物取引士証の有効期間の残りの期間 ●交付申請にあたって、法定講習の受講は**不要**

登録の移転は、義務ではない。また、単に自己の住所を移転しただけでは、申請することができない。

死亡等の届出とは、宅地建物取引士が死亡した場合等に行う手続きのことである。**免許の廃業等の届出**（前出2章）**と対比**させながら、届出義務者等をまとめておこう。

事　　　　由	届出義務者	届出期間
死　　　　亡	相続人	知った日から30日以内
心身の故障により宅建士の事務を適正に行うことができない者	本人・法定代理人・同居の親族	30日以内
破産手続き開始の決定	本人	
欠格要件に該当した		

　宅地建物取引士証の有効期間は5年であり、更新には申請前6か月以内に行われる、登録知事が指定した講習の受講が必要となる。そのほか、宅地建物取引士証に関しては、次の手続に注意しよう。

手続きの種類	事　　　　由	いつ	誰に
返　納	●**登録が消除**され、または宅地建物取引士証が**失効**した ●再交付を受けた後、亡失した宅地建物取引士証を発見した	速やかに	交付した知事
提　出	事務禁止処分を受けた		
提　示	●**重要事項**の説明をする	説明時	相手方
	●**取引の関係者**から**請求**を受けた	請求時	請求者

7 専任の宅地建物取引士

　宅建業者は、下記の設置場所ごとに、**成年者である専任の宅地建物取引士**を設置しなければならない。また、次に掲げる必要数が不足した場合は、2週間以内に、補充等の措置を講じなければならない。

専任の宅建士の設置場所	専任の宅建士の数
事務所	従業員の1／5以上
契約の締結・申込みを受ける案内所	1人以上

8 宅地建物取引士の事務

　宅地建物取引士が**行うべき事務**は、次の3つであり、宅地建物取引士以外の者は、これらの事務をすることができない。つまり、宅建業者が、宅地建物取引士をして、させなければならない事務である。

宅地建物取引士が行うべき事務	重 要 事 項 の 説 明
	重要事項説明書への記名
	37 条書面への記名

これらの事務は、「宅地建物取引士」であれば行うことができ、必ずしも「専任」である必要はない。

免許（前章）と宅地建物取引士の両制度で、特に重要な相違点を比較しよう。

事　由	免許	宅地建物取引士
欠格事由	成年者と同一の行為能力を有しない未成年者は、法定代理人が欠格でなければ、免許が受けられる。	成年者と同一の行為能力を有しない未成年者は、欠格となる。
変　更	商号・名称、事務所の名称と所在地、役員・政令で定める使用人・専任の宅地建物取引士の氏名 ▶ 30 日以内に変更の届出	●住所・氏名・本籍、勤務先の商号・名称と免許証番号 ▶ 遅滞なく変更の登録を申請 ●住所と氏名は宅地建物取引士証の書換え交付申請も必要
免許換えと登録の移転	●事務所の変更により免許権者が変更した場合 ▶ 義務 ●新免許は新規 5 年	●登録知事以外の都道府県の宅建業者の事務所に従事し、または従事するとき　▶ 任意 ●移転後の宅地建物取引士証の有効期間は、従前の宅地建物取引士証の残存期間
更　新	●免許の有効期間は 5 年 ●期間満了の 90 日前から 30 日前までに申請	●登録に有効期間はなく、宅地建物取引士証は 5 年 ●申請前 6 か月以内の知事指定の講習の受講が必要
廃業等（の届出）	破産したときは、破産管財人が届出	破産したときは、本人が届出

日建学院は、学習者に合わせた各種学習環境を用意しております。お近くの日建学院をご利用ください。

資料請求・映像講義の無料体験学習
お申込みはこちら

↓　　↓　　↓　　↓　　↓

株式会社 建築資料研究社　日建学院　　住宅新報出版

- 成年者と同一の行為能力を有しない未成年者は、登録が拒否される。
- 事務禁止期間中に自ら消除すると、禁止期間中は欠格となる。
- 住所・氏名・本籍、勤務先の商号・名称・免許証番号が変更した場合は、遅滞なく、変更の登録の申請が必要。住所と氏名は、宅地建物取引士証の書換えも、あわせて必要。
- 勤務先が他県になる場合に登録の移転をすることができる（任意）。ただし、事務禁止期間中は申請できない。
- 破産手続開始の決定を受けた場合や（心身の故障により宅建士の事務を適正に行うことができない者以外の）欠格要件に該当した場合は、本人が30日以内に届出が必要。
- 宅地建物取引士証の更新には、申請前6か月以内の知事指定の講習の受講が必要。
- 事務所には1／5以上、契約等をする案内所には1人以上の専任の宅地建物取引士が必要。不足したら、2週間以内に是正措置が必要。
- 宅地建物取引士の法定事務は、重要事項説明と同書面への記名、及び37条書面への記名の3つ。

4 営業保証金制度

 ここがポイント 限られたポイントからほぼ毎年1問出題されます。丁寧にポイントを押さえて失点しないようにしましょう。

 チャレンジ!! 『テーマ別厳選過去問』2 宅建業法 ● 問題 17 ～ 21

　営業保証金は、要するに、宅建業者が顧客に損害を与えた場合に備えて、お金を預けておく制度だ。**供託・還付・取戻し**の各段階に分けて、手続き等を整理しておこう。

1 供託から業務開始まで

OK
□

10年間に 8回出た!

　宅建業者が、**営業保証金を供託**して業務を開始するまでの手続きは、次のとおりである。

❶免許取得	事務所を設置して、免許を取得する。

↓

❷供　　託	設置した事務所の数に応じた営業保証金の合計額を、**本店の最寄りの供託所に一括して**供託する。 ❶本店：1,000万円 ⎤ ❷支店：1か所につき500万円 ⎦ ❶❷の合計額

↓（有価証券も使用できるが、国債は額面の10割評価、地方債・政府保証債は額面の9割評価、その他は8割評価となる。）

❸届　　出	営業保証金を供託した旨を、**免許権者**に届け出る。

↓（免許を受けてから3か月以内に届出がないと、免許権者は催告をし、その後1か月届出がないと、免許取消しが**できる**。）

❹業務開始	（支店を増設したときは、❷➡❸➡❹の順の手続きとなる。）

2　営業保証金の保管替え等

10年間に
4回出た!

　保管替え等とは、本店の移転によって最寄りの供託所が変更した場合、新たな最寄りの供託所に営業保証金を移すための手続きである。また、保管替え等の手続きが終了したら、免許権者に、その旨の届出が必要となる。

金銭のみで供託していた場合	費用を納めて、従前の供託所に対し、新たな供託所に供託金を移すよう請求する必要がある（「保管替えの請求」という）。
有価証券のみ、または金銭と有価証券で供託していた場合	いったん新たな供託所に営業保証金を供託し、その後に、従前の供託所から営業保証金を取り戻す。

3　営業保証金の還付

10年間に
8回出た!

　宅建業者と、宅建業に関する取引をしたことによって生じた債権を有する者は、営業保証金から弁済を受けることができ、これを還付という。ただし、宅建業者は、還付を受けることができない。

還付対象の債権	宅建業者と宅建業に関する取引をしたことで生じた債権 ▶ 代金債権、手付金返還請求権、損害賠償債権　等
還付手続き	宅建業者が供託した供託金全額を限度として、供託所に還付請求をする。

（還付が実行されると、それによる不足額を補う必要がある）

免許権者の通知	供託所から還付があった旨の通知を受けた免許権者は、その宅建業者に、不足額を供託するよう通知する。
不足額の供託・届出	宅建業者は、免許権者の通知を受けた日から2週間以内に、不足額を供託し、2週間以内に免許権者にその旨の届出をしなければならない。

宅建業者から依頼を受けた広告会社が有する広告代金債権や、内装工事の依頼を受けた工事代金債権等は、還付の対象とならない。

4 営業保証金の取戻し

10年間に
7回出た!

　宅建業者が免許取消処分や廃業をしたことによって、営業保証金の供託義務が消滅した場合に、供託所から営業保証金の返還を受けることを、**取戻し**という。

原則	取戻し公告が必要	還付請求権を有する者に対し、6か月以上の期間を定めて、申出をするよう官報に公告する。
例外	取戻し公告は不要	●保証協会の社員となった場合 ●本店移転で新たな供託所に供託した場合 ●取戻し事由が生じてから**10年が経過した場合**

支店の一部を廃止した場合で、その廃止した支店の分の営業保証金を取り戻す場合にも、公告が必要である。

覚えよう!!

- 免許取得➡供託➡届出の順で手続きを踏んで、初めて業務が開始できる。
- 営業保証金は、本店1,000万円、支店1か所500万円の合計額。
- 金銭のみで供託している場合、保管替えの請求をする。
- 還付の対象は、宅建業に関する取引によって生じた債権。
- 免許権者の通知を受けた日から2週間以内に不足額を供託。
- 取戻しには、原則として公告が必要。
- 保証協会の社員となった場合は、公告なしに取戻しができる。

5 保証協会

 制度の趣旨・目的は営業保証金と全く同じです。徹底した比較学習を心がけましょう。

 チャレンジ!! 『テーマ別厳選過去問』2 宅建業法 ▶ 問題 22 ～ 28

弁済業務保証金は、多くの宅建業者が保証協会に加入することにより、**団体として一般消費者を保護**しようとする制度である。営業保証金との相違点を常に意識しよう。

1 分担金と弁済業務保証金

宅建業者は、営業保証金の供託に代えて、**弁済業務保証金分担金**（以下、分担金）を保証協会に納付して、保証協会の**社員**になる（加入する）ことができる。

新規加入の場合	加入しようとする日までに、保証協会に分担金を納付する。
事務所増設の場合	**増設した日**から2週間以内に、増設分の分担金を追加納付する。
分担金の額	❶本店：60万円 ❷支店1か所につき：30万円　❶❷の合計額

供託	保証協会は、分担金の納付を受けた日から1週間以内に、同額を弁済業務保証金として、法務大臣等が指定した供託所に**供託**する。

届出	保証協会は、遅滞なくその宅建業者の免許権者に**届出**をする。

113

危険！
落とし穴
分担金の納付は金銭に限られるが、弁済業務保証金には有価証券を用いることができる。

2 還付
OK ☐

10年間に
8回出た！

　保証協会の社員である宅建業者との取引による債権を有する者（宅建業者を除く）は、弁済業務保証金から**還付**を受けることができる。

還付の対象	●社員との宅地建物取引業に関する取引による債権を有する者。 ●宅建業者は還付を受けることができない。 ●**社員が社員となる前に取引をした者も含む。**
還付限度額	社員が社員でないとした場合に供託すべき営業保証金の額
還付手続	債権者は**保証協会の認証**を受け、供託所に還付請求をする。

（還付された後）

不足額の供託	供託所➡国土交通大臣➡保証協会へと還付された旨の通知があり、この通知から2週間以内に、保証協会が不足額を供託する。
還付充当金の納付	保証協会は宅建業者に通知をし、宅建業者は、その**通知を受けた日から2週間以内**に、還付された額に相当する還付充当金を**保証協会**に納付する。

3　社員の地位の喪失

10年間に
3回出た!

社員である宅建業者は、次のいずれかの事由により**社員の地位を喪失**したときは、喪失した日から1週間以内に、営業保証金を供託する必要がある。

増設分の未納付	新たに事務所を増設した日から、2週間以内に分担金を納付しなかった場合
充当金の未納付	還付充当金を納付すべき旨の**通知を受けた日か**ら2週間以内に充当金を納付しなかった場合
特別分担金の未納付	**特別**分担金を納付すべき通知を受けた日から、1か月以内に納付しなかった場合

- 営業保証金を供託した場合は、免許権者への届出が必要。
- 1週間以内に営業保証金を供託しないと、業務停止処分となる。

4　取戻し

10年間に
3回出た!

社員が社員の地位を失った場合、**分担金の返還**を求めることができる。それを**取戻し**といい、取戻しの手続きには次のように、**原則**と**例外**がある。

原則	取戻し公告が必要	保証協会は、還付請求権を有する者に対し、6か月以上の期間を定めて、申出をするよう官報に**公告**する。
例外	取戻し公告が不要	**事務所の一部を廃止**した場合は、公告なしで分担金を返還する。

事務所の一部を廃止した場合は、公告は不要である。この点は、「営業保証金」の場合とは異なるので注意！

弁済業務保証金 準備金（準備金）	還付充当金の不足に備えて、保証協会に積立義務 が課せられているもの
特別弁済業務 保証金分担金 （特別分担金）	準備金を充てても不足する場合、社員に対して追 加納付が命じられるもの

6 **保証協会の性質**

10年間に
5回出た!

　　保証協会は、宅建業者のみを社員とする一般社団法人であり、宅建業者は、同時に複数の保証協会の社員になることができない。また、保証協会が必ず実施しなければならない業務（必須業務）は、**宅地建物取引士等に対する研修、弁済業務、苦情の解決**の3つだけであり、他は任意の業務である。

7 **営業保証金と保証協会の比較**

　　営業保証金（前出4章）と**保証協会**の、特に重要な相違点を比較しよう。

	営業保証金	保証協会
金　　額	本店 1,000 万円 支店 500 万円	本店 60 万円　○分担金は金銭のみ 支店 30 万円
いつまで	免許 取得 ➡ 供託 ➡ 届出 ➡ 事業 開始	●新規は**加入する日**までに納付 ●事務所増設は増設の日から 2 週間 　以内に納付
どこに	本店の**最寄りの供託所**に 一括供託	保証協会に納付し、協会が法務大臣 等指定の供託所に供託
還付対象	宅建業に関する債権	**社員となる前の取引も含む**
充当金等	免許権者の**通知から 2 週間以 内**に、不足額を供託	保証協会の**通知から 2 週間以内に**、 還付充当金を納付
取 戻 し	●事務所の一部廃止は公告**必要** ●保証協会に加入した場合は、 　公告不要	●事務所の一部廃止は公告**不要** ●営業保証金を供託した場合は、公 　告**必要**

- 新規加入時は加入する日までに、事務所増設時は増設後2週間以内に、分担金を納付しなければならない。
- 分担金は、本店60万円・支店1か所30万円の合計額となる。
- 社員となる前に宅建業に関する取引をした者も、還付請求は可。
- 還付充当金は保証協会の通知から2週間以内に、納付が必要。
- 社員の地位を失ったら、1週間以内に営業保証金を供託。
- 事務所の一部廃止による取戻しは、公告が不要。

6 媒介契約等の規制

 ここが ポイント 媒介契約書の記載事項と媒介契約の規制がテーマ。 貸借に適用されない点に要注意です。

 チャレンジ!! 『テーマ別厳選過去問』2 宅建業法 ● 問題 34 〜 41

後々のトラブルを防ぐために証拠を残そうとする制度が「**媒介契約 書**」である。そして、主として**依頼者を保護**するために、さまざまな業 務上の規制がある。

1 媒介契約の種類

OK

 10年間に **1** 回出た！

宅建業者が依頼者と締結する**媒介契約**には、依頼者を拘束する 度合いに応じて、次の３種がある。

一般媒介契約	依頼者が、同一物件につき、複数の宅建業者に**重ね て依頼できる**もの。依頼した他の宅建業者を明示す べきもの（**明示型**）と明示する必要がないもの（**非 明示型**）がある。
専任媒介契約	依頼者が、同一物件につき、**依頼した宅建業者以外** の宅建業者に重ねて**依頼することができない**もの。 依頼者自ら探索した相手方との契約（自己発見取 引）は許される。
専属専任媒介 契約	依頼した**宅建業者が探索した相手方以外の者と契約 を締結することができない**旨の特約を付した専任媒 介契約のこと。したがって、自己発見取引は禁止さ れる。

2 媒介契約書の交付

宅建業者は、媒介契約を締結した場合は、次の事項を記載した媒介契約書（電磁的方法も可）を作成し、これに**記名押印**し、**遅滞なく**、**依頼者**に**交付**しなければならない。

媒介契約書の記載事項	❶所在・地番等、物件を特定するために必要な表示
	❷**売買すべき価額**または**評価額** ▶ 宅建業者が価額等に意見を述べる際は、**合理的根拠**を明示（**口頭**でもよい）
	❸媒介契約の種類
	❹既存建物の依頼者に対する**建物状況調査**を実施する者のあっせんに関する事項
	❺有効期間
	❻解除に関する事項
	❼報酬に関する事項
	❽指定流通機構への登録に関する事項
	❾依頼者が契約に**違反**したときの措置
	❿標準媒介契約約款に基づくか否か

危険！
落とし穴

売買・交換の場合、有効期間等について規制がない一般媒介契約であっても、媒介契約書の作成・交付義務はある点に要注意。

10年間に
12回出た!

　宅地・建物の**売買・交換**の媒介契約を締結した宅建業者は、その媒介契約の種類に応じ、次のような**規制**を受ける。

> **危険!**
> 落とし穴
>
> 貸借の**媒介契約**には規制の**適用がない**ので、例えばアパートの専任媒介契約の場合では、有効期間を自由に設定でき、また、媒介契約書の作成・交付義務もない。

	一般媒介	専任媒介	専属専任媒介
有効期間	規制なし	3か月以内（更新後も3か月以内）	
更　　新	規制なし	契約終了時に、**依頼者から更新の申出が**ある場合に限る（自動更新は禁止）。	
依頼者への報告義務	規制なし	2週間に1回以上（休業日も含む）	1週間に1回以上（休業日も含む）
指定流通機構への登録	規制なし	契約日から7日以内（休業日を除く）	契約日から5日以内（休業日を除く）

　媒介契約を締結した宅建業者は、媒介契約の目的である宅地・建物の**売買・交換**の**申込み**があったときは、**遅滞なく**、その旨を依頼者に**報告**しなければならない。

　これらの規制に反して**依頼者に不利**となる特約は、**無効**となる。

> **危険!**
> 落とし穴
>
> ●専任媒介等で3か月を超える有効期間を定めても、その有効期間は3か月となる。
> ●依頼者への報告は、口頭でも可。

4 指定流通機構への登録

専任媒介契約等を締結した宅建業者は、取引の相手方を探索するため、**指定流通機構**に一定の事項を**登録**しなければならない。この手続きの流れに注意しよう。

10年間に**5**回出た!

登録事項	所在・規模・形質、売買すべき価額、主要な法令上の制限、専属専任媒介契約である場合は、その旨

 （一般媒介でも、任意的に登録することができる）

登録証の交付	登録が完了すると、指定流通機構から**登録証**が発行され、宅建業者は、これを遅滞なく、**依頼者**に引き渡さなければならない（電磁的方法も可）。

成約の通知	宅建業者は、登録した物件が成約した場合、遅滞なく、登録番号、取引価格及び成約日を、指定流通機構に通知する。

- 売買・交換の媒介であれば、一般媒介でも媒介契約書の作成・記名押印・交付が必要。
- 貸借の媒介には、媒介契約の規制は一切なし。
- 専任・専属専任は、有効期間3か月以内。また、自動更新は禁止。
- 報告は、休業日も含んで専任媒介は2週に1回以上、専属専任は1週に1回以上。
- 指定流通機構への登録は、休業日を除いて専任媒介は7日以内、専属専任は5日以内。
- 媒介契約書の記載事項は、❶物件、❷価額、❸契約タイプ、❹建物状況調査のあっせん、❺有効期間、❻解除、❼報酬、❽登録、❾違反措置、❿約款に基づくか否か、の10項目。
- 価額に意見を述べる際は、合理的な根拠の明示が必要（口頭でも可）。

7 重要事項の説明

ここが ポイント

3問も出題されたこともある宅建業法の**メイン**。
記載事項は、繰り返し学習あるのみです。

チャレンジ!! 『テーマ別厳選過去問』2 宅建業法 ● 問題 42 ～ 54

重要事項の説明は、契約締結前に契約を結ぶか否かの判断材料を提供するための制度である。

1 重要事項の説明方法

OK

10年間に **11**回出た!

宅建業者は、次のように、**重要事項の説明義務**を果たさなければならない。なお、所定の要件を満たせば、ＩＴによる重要事項の説明も可能となる。

説 明 時 期	契約の締結前（締結と同時では遅い）
説 明 義 務 者	宅建業者が、**宅地建物取引士**を使って説明をさせる（専任の宅地建物取引士以外でも可）。
説明の相手方	権利を**取得しようとする者**（買主・借主等）
説 明 方 法	●重要事項説明書に**宅地建物取引士**が記名し、これを相手方に**交付して説明する**（ただし、相手方等が宅建業者の場合、書面の交付のみで足り、口頭での説明は不要）。（注） ●説明時は、相手方からの請求がなくても**宅地建物取引士証の提示**が必要。
説 明 場 所	制限なし

（注） 書面の交付に代えて、相手方等の承諾を得て、電磁的方法で記名に代わる措置を講じたものにより提供できる。この場合、書面を交付したものとみなされる。

複数の宅建業者が取引に関与した場合、その全部の宅建業者に、義務が課せられる。

2 説明すべき重要事項…①基本事項 OK☐

　説明が義務付けられている重要事項のうち、**基本事項**は次のとおりである。

10年間に12回出た!

⚠️法改正

記載・説明事項	注意点
❶登記簿上の権利	引渡し時には抹消予定の抵当権も説明する。
❷法令上の制限	建物の貸借の場合は、ほとんど説明義務なし。
❸私道の負担	●建物の貸借の場合は、説明義務なし。 ●私道の負担がない場合、ない旨を説明する。
❹生活関連施設	設備がない場合、整備の見込みと負担金等を説明する。
❺未完成物件の完成時の形状・構造	●内装・外装の仕上がりや構造を説明する。 ●図面を必要とするときは、**図面を交付**して説明する。
❻既存建物の建物状況調査	建物状況調査（1年〔鉄筋コンクリート造などの共同住宅等は2年〕を経過していないもの）を実施しているかどうか、実施している場合はその結果の概要を説明する。 設計図書・点検記録その他の書類の保存の状況を説明。
❼代金等以外に授受される金銭	手付金、敷金、権利金といった代金・借賃**以外**の金銭の額と目的を説明する。
❽解除に関する事項	手付解除や債務不履行による解除の要件・効果等を説明する。
❾損害賠償額の予定等	損害賠償額の予定や違約金の定めがある場合はその旨を、定めがない場合は、ない旨を説明する。
❿手付金等の保全措置	自ら売主で保全措置を講じる場合、概要を説明する。
⓫預り金等の保全措置	手付等の預り金の保全をする場合のみ説明する。
⓬ローンのあっせん	ローン不成立時には**契約を解除できる**旨を説明する。

⑬契約不適合責任等の履行 確保等の措置	保証保険契約等の履行確保等の措置を講じるか否か、 講じる場合はその措置の概要を説明する。
⑭造成宅地防災**区域**	造成宅地防災区域内にあるときは、その旨を説明する。
⑮土砂災害警戒**区域**	土砂災害警戒区域内にあるときは、その旨を説明する。
⑯津波災害警戒**区域**	津波災害警戒区域内にあるときは、その旨を説明する。
⑰水害ハザードマップ	**市町村の長が提供する図面（水害ハザードマップ）に** 宅地建物の位置が表示されているときは、その**所在地**。
⑱石綿の使用の有無	● 建物のみが対象 ● 石綿の調査記録があれば、その内容を説明する。
⑲耐震診断	● **昭和56年6月1日**より前に着工した建物のみが 対象 ● 耐震診断を受けていれば、その内容を説明する。
⑳住宅性能評価	● 新築住宅の売買のみが対象 ● 住宅性能評価を受けていれば、その旨を説明する。

3 説明すべき重要事項…②貸借の追加事項

　　貸借の媒介・代理においては、次の事項も**追加的に**説明しなければならない。

記載・説明事項	注意点
❶台所等の整備状況	建物の場合のみ。台所、浴室、便所等の 設備の整備状況を説明する。
❷契約期間・更新	契約期間の定めがない場合、その旨も説 明する。
❸定期借地権等	定期借地・定期借家等の場合、その旨を 説明する。　　　　　　　　　　（注）
❹用途等の利用制限	用途その他利用制限に関する事項を説明 する。
❺敷金等の精算	契約終了時に精算する金銭に関する事項 を説明する。

124

❻管理委託先	委託先があれば、氏名（名称）・住所を説明する。
❼借地上の建物の取壊しに関する事項	**宅地**の場合のみ。契約終了時に借地上の建物を取り壊す旨の定めがあるときは、その内容を説明する。

（注）「定期建物賃貸借」の場合、重要事項の説明書に所定の事項を記載・交付して、宅地建物取引士が賃貸人を代理して説明を行うことで、事前説明書の交付・事前説明を兼ねることができる。

4 説明すべき重要事項…③区分所有建物の追加事項 OK☑

区分所有建物の場合は、次の事項も、**追加的に説明が必要**となる。

◀ **10**年間に **8**回出た！

記載・説明事項		注意点
❶専有部分の利用制限の規約		ペット禁止等の専有部分の利用制限に関する規約を説明する。
❷管理の委託先		委託先があれば、氏名（名称）・住所を説明する。
❸敷地の権利	貸借の場合は説明不要	敷地の面積及び権利の種類・内容を説明する。
❹共用部分の規約		共用部分の規約の定めを説明する。
❺専用使用権の規約		専用庭等、専用使用権の規約の定めを説明する。
❻修繕積立金の規約		修繕積立金の規約の定め、及び既に積み立てられた額や**滞納額**を説明する。
❼通常の管理費用		管理費の額及び**滞納額**を説明する。
❽費用減免の規約		特定の者に管理費等を減免する規約がある旨を説明する。
❾維持修繕の実施状況		維持修繕の実施状況の記録があるときは、その旨を説明する。

 規約の定めは、案も含めて、定めがあるときには説明が必要。

- 重要事項は、契約前に、権利を取得しようとする者に対して、宅地建物取引士が説明する。ただし、相手方等が宅建業者なら、書面の交付のみで足りる。

- 法令上の制限は、建物貸借ではほとんどが説明不要。私道の負担は、建物貸借では説明不要。

- 移転登記の時期や引渡しの時期は説明不要だが、登記簿上の権利は説明が必要。

- 代金は説明不要だが、代金以外の金銭は説明が必要。

- 危険負担の特約は説明不要だが、契約不適合責任の履行確保等の措置は説明が必要。

- 区分所有建物の追加事項で貸借でも必要なのは、「専有部分の利用制限」と「管理の委託先」の2項目のみ。

- 区分所有建物の追加事項では、「規約」は案も含む。

8 37条書面の交付

ここが ポイント 書面の記載事項と交付手続がポイントですが、売買と貸借の違いにも注意しましょう。

🖊 **チャレンジ!!** 『テーマ別厳選過去問』2 宅建業法 ▶ 問題 55 ～ 65

> 宅地・建物の売買契約等が成立した場合、その契約内容を明確にするために作成・交付されるものが **37条書面** である。

1 37条書面の交付方法

OK

宅建業者による37条書面の交付義務は、次のとおりである。

10年間に **11**回出た!

交 付 時 期	契約締結後、遅滞なく
交 付 義 務 者	宅建業者（宅地建物取引士ではない）
交 付 の 相 手 方	契約の両当事者（**売主**と買主、**貸主**と借主等）
交 付 方 法	宅地建物取引士が記名した書面を交付する。**(注)**
交 付 場 所	制限はない。

(注) 書面の交付に代えて、相手方等の承諾を得て、電磁的方法で記名に代わる措置を講じたものにより提供できる。この場合、書面を交付したものとみなされる。

危険!
落とし穴

- 複数の宅建業者が取引に関与した場合、その全部の宅建業者に交付義務が課せられる。
- 37条書面については、説明は**不要**である。
- 重要事項説明書に記名して説明した宅地建物取引士と、37条書面に記名した宅地建物取引士は、同一人である**必要はない**。

37 条書面の記載事項には、必ず記載が必要とされる**必要的記載事項**と、定めがある場合だけ記載が必要となる**任意的記載事項**がある。両者を区別して理解するとともに、**貸借の場合に不要となるもの**、及び**重要事項との違い**もポイントとなる。

（〇＝必要、✕＝不要）

必要的記載事項	貸借の場合	重要事項
❶当事者の氏名・住所	〇	―
❷物件特定に必要な表示（所在・地番等）	〇	―
❸既存建物の構造耐力上主要な部分等の状況について当事者双方の確認事項	✕	（〇）*
❹代金、借賃等の額、支払い時期、方法	〇	✕
❺引渡し時期	〇	✕
❻移転登記の申請時期	✕	✕

＊：条文上の表現は異なります

任意的記載事項	貸借の場合	重要事項
❶代金、借賃以外の金銭の授受の定めがある場合、その額、授受の時期、目的 （注）	〇	〇
❷契約の解除に関する定め	〇	〇
❸損害賠償額の予定または違約金の定め	〇	〇
❹ローンのあっせんの定めがある場合、ローンの不成立のときの措置	✕	〇
❺危険負担の定め	〇	✕
❻契約不適合責任の定め	✕	✕
❼契約不適合責任の履行確保等の措置の定め	✕	〇
❽公租公課の負担の定め	✕	✕

（**注**）「授受の時期」については、重要事項の説明は不要。

- 37条書面に記名するのは<u>宅地建物取引士</u>だが、交付するのは宅建業者。
- 37条書面を交付する相手方は、契約の<u>両当事者</u>。
- 代金・引渡し時期・移転登記の申請時期は<u>必要的記載事項</u>だが、重要事項ではない。
- 任意的記載事項は、「定めがあれば」記載する。
- 貸借では、既存建物の状況の確認事項と移転登記の申請時期とローン不成立のときの措置と契約不適合責任と公租公課が、記載不要。

9 8種制限 ①

「宅建業者が売主・宅建業者以外が買主」の場合のみ適用される特別ルールの前半です。

チャレンジ!! 『テーマ別厳選過去問』2 宅建業法 ▶ 問題 66 ～ 70

　宅建業者とそうでない一般消費者では、不動産取引に関する知識や経験に大きな差があり、取引をするにあたって対等ではない。その不公平を是正するために、**民法の原則を修正**して規定されているのが「**8種制限**」というルールである。

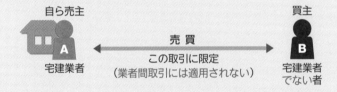

	自ら売主	売 買	買主
	A 宅建業者	この取引に限定 （業者間取引には適用されない）	B 宅建業者でない者

1 自己の所有に属しない宅地建物の売買契約の締結の制限

10年間に 4回出た!

（1）他人物売買の制限

原　則	宅建業者は、自ら売主として、他人物の売買契約を締結することができない。
例　外	売主である宅建業者が**物件取得の契約**（**予約でも可**）を締結している場合は、契約を締結することができる。

危険!
落とし穴

物件を取得する契約が**停止条件付**である場合は、他人物売買はできない。

【具体例】

- XA 間の「①**売買**」を先に締結しなければ、AB 間の「②**売買**」を締結してはならない。
- XA 間の「①**売買**」は**予約**でもよく、その**予約**をしていれば登記の移転や物件の引渡しがなくても、AB 間の「②**売買**」を締結することが**できる**。
- XA 間の「①**売買**」が停止条件付きである場合は、AB 間の「②**売買**」を締結することができない。

（2）未完成物件の売買の制限

原　則	宅建業者は、自ら売主として、未完成物件の売買契約を締結することができない。
例　外	売主である宅建業者が**手付金等の保全措置を講じている**場合は、売買契約を締結することができる。

2　クーリング・オフ

OK

クーリング・オフとは、買主が冷静な判断ができないと考えられる場所で行った申込みや契約の**白紙撤回を認める制度**であり、本規定に反する特約で買主に不利なものは、**無効**となる。

原　則	自ら売主である宅建業者と、事務所等以外の場所で申込みや契約をした宅建業者以外の買主は、その申込みや契約を白紙撤回することができる。
例　外	●売主からクーリング・オフができる旨及びその方法について、**書面で告知を受けた日から起算して 8 日**（初日算入）を経過した場合 ●**物件の引渡しを受け**、かつ**代金全部を支払った場合**

自ら売主の宅建業者はクーリング・オフの告知をする義務を負わないが、告知がなく、または口頭で告知をした場合は、8日間の起算が始まらず、買主は、原則としていつでもクーリング・オフができる。

（1）事務所等

クーリング・オフによる白紙撤回ができない「**事務所等**」とは、次の場所をいう。

専任の宅建士を設置すべき場所	❶事務所 ❷契約を締結しまたは申込みを受ける**案内所等**で、土地に定着するもの ❸他の宅建業者に代理・媒介を依頼した場合、依頼を受けた宅建業者の上記❶・❷の場所
買主からの申出	買主から**申出**があった場合の、買主の**自宅**または**勤務先**

申込みを受けた場所と契約を締結した場所が異なる場合、「申込みを受けた場所」で、クーリング・オフができるか否かを判断する。

（2）クーリング・オフの方法と効果

方法	クーリング・オフの意思表示は、**書面**でする必要がある。
効果	●クーリング・オフの効果は、**書面を発信**した時に生じる。 ●売主は、受領していた金銭等を**全額返還**しなければならない。 ●違約金や損害賠償の請求は、**一切できない**。

クーリング・オフの意思表示は、電磁的方法によることはできない（必ず書面で行う）。

　宅建業者が自ら売主となる場合で、損害賠償額の予定または違約金を定める場合は、**合算して代金の2割を超えてはならない**。そして、2割を超える定めをした場合、超えた部分だけが無効となる。

─── 代 金 全 額 ───	
2割までは有効	2割を超えた部分のみが無効

この章で 覚えようゼッタイ!!

【他人物売買の制限】

●所有者と物件取得の契約（予約でも可、停止条件付きは不可）を締結していないと、自ら売主として売買契約ができない。

【クーリング・オフ】

●書面による告知から8日間（初日算入）経過した場合、または引渡しを受け、かつ代金全部を支払った場合は、クーリング・オフができない。

●土地に定着している専任の宅地建物取引士の設置場所での契約は、クーリング・オフができない。

●買主の自宅または勤務先は、買主から申出があればクーリング・オフができない。

●クーリング・オフは、書面を発信した時に効力が生じ、損害賠償等は請求できない。

【損害賠償額の予定等の制限】

●損害賠償額の予定と違約金は、合算して代金の2割を超えた部分についてのみ無効。

10 8種制限 ②

8種制限の後半では、試験・実務ともに重要な手付と
担保責任について学習します。

チャレンジ!! 『テーマ別厳選過去問』2 宅建業法 ▶ 問題 71 ～ 81

1 手付の額の制限等

　宅建業者が自ら売主となる場合、**手付**は、特約の有無・その内容にかかわらず、すべて「**解約手付**」と扱われ、その額は代金の2割を超えてはならない。

性質の制限	相手方が履行に着手するまで、買主は手付を**放棄**し、売主は手付の倍額を現実に提供することにより、契約を解除できる。これに反する特約で買主に不利となるものは、**無効**となる。
額の制限	手付は、代金の2割を超えて受領することができない。

例えば、代金の3割を手付として受領した場合、買主は2割を放棄して契約を解除でき、残りの1割については、返還請求ができることになる。

宅建業者が自ら売主となる場合、一定額を超える手付金等を受領しようとするときは、その受領前に、**保全措置**を講じなければならない。

10年間に
9回出た!

（1）「手付金等」とは

手付金等とは、契約締結後、物件の引渡し前までに授受される金銭で、代金に充当するものをいい、手付金・中間金等、名目のいかんを問わない。

（2）保全措置が必要な金額

完 成 物 件	代金の10%を超え、または1,000万円を超える場合
未完成物件	代金の5%を超え、または1,000万円を超える場合

上記金額（※）に満たなければ、保全措置は不要である。

しかし、例えば、手付金受領の段階ではこの金額に満たなくても、中間金受領の段階で超える場合は、中間金を**受領する前**に、手付金も含めて、**全額**を保全しなければならない。

（3）例外

登 記	買主が**所有権の登記**をした場合、保全措置は不要となる。

（※）
宅建業法の条文上の表記（「10％（5%）以下、かつ1,000万円以下の場合は保全措置不要」）とは異なるが、本書ではより実践的な表記を採用した。

（4）保全措置の方法

（○=できる、✕=できない）

保全措置の種　　類	概　要	完成物件	未完成物件
保証委託契約*	金融機関に連帯保証を委託する。	○	○
保証保険契約*	保険会社と保険契約を締結する。	○	○
手 付 金 等寄 託 契 約	指定保管機関に手付金等を保管してもらう。	○	✕

＊：単に契約をするだけでは足りず、買主に書面の交付（電磁的方法も可）をする必要がある。

宅建業者が自ら売主となる場合、**契約不適合責任**に関して民法の規定より**買主に不利**となる特約は、原則として無効となる。

　ただし、担保責任に関して買主が不適合である旨を売主に**通知する期間**を「引渡しから2年以上」とする特約は、有効である。

(1) 民法上の担保責任の規定

事由	買主の権利	通知期間
売買の目的物の種類または品質に関して契約不適合があった	履行の追完請求権 代金減額請求権 損害賠償請求権 契約解除権	買主が不適合を知ってから1年以内に通知しないと、追及できない

(2) 特約の具体例

特約の内容	有効か無効か
❶「売主は、自らの責めによる契約不適合についてのみ責任を負う」	無効
❷「売主は、契約不適合の修補責任のみを負う」	無効
❸「買主は、契約締結日から2年以内に不適合である旨を売主に通知しないと担保責任を追及することができない」	無効
❹「買主は、引渡しから2年以内に不適合である旨を売主に通知しないと担保責任を追及することができない」	有効

上記❸の場合は、特約が無効となるため、民法の規定に戻って、買主は、「不適合を知ってから1年以内」に不適合である旨を通知しないと担保責任を追及することができないということになる。

4 割賦販売の規制（解除等の制限・所有権留保等の禁止）

10年間に4回出た！

　割賦販売とは、物件の引渡し後1年以上の期間にわたり、2回以上の分割で代金または代金の一部を支払うことを条件とする売買をいう。このような割賦販売を、宅建業者が自ら売主として行う場合、次のような各規制を受ける。

❶解除等の制限	買主が賦払金について履行遅滞となった場合、30日以上の期間を定めて書面で催告しなければ、解除することができない。
❷所有権留保等の禁止	賦払金の支払いが代金の3／10を超えるまでに、登記その他の売主の義務を履行しなければならない。ただし、3／10を超えても、買主が残金に担保措置を講じる見込みがなければ留保できる。

種類	規制内容	例外規定等	注意点
自己の所有に属しない宅地建物の売買契約締結の制限	●他人物売買の禁止 ●未完成物件の売買の禁止	●所有者と物件取得の契約をしている（予約も〇、停止条件付きは×）。 ●手付金等の保全措置を講じた。	――
クーリング・オフ	事務所等以外の場所でした申込み・契約は、白紙撤回・無条件解除できる。	●**書面による告知**後**8日経過**した。 ●**引渡し**を受け、かつ、**代金全部を支払**った。	●撤回は書面で行う。 ●撤回は**発信**した時 ●買主に不利な特約は**無効**
損害賠償額の予定等の制限	損害賠償額の予定と違約金は、合算で代金の2割を超えてはならない。	――	2割を超えた定めは、**超えた部分のみ無効**（部分無効）
手付の額の制限等	●手付は代金の2割以内 ●手付はすべて解約手付となる（相手方の履行着手まで買主は放棄、売主は倍返しで解除可）。	2割を超えた部分は手付とはならない。	買主に不利な特約は無効
手付金等の保全措置	手付金等を受領する前に保全措置を講じなければならない。 ●完成物件 　銀行・保険・指定保管機関 ●未完成物件 　銀行・保険	●完成物件 　**10%を超え、または1,000万円超** ●未完成物件 　**5%を超え、または1,000万円超** ●買主が**所有権登記**をした。 ●引渡し以後に受領する代金	左記を超える場合、**全額を保全**
担保責任の特約の制限	担保責任に関する民法の規定より、買主に不利な特約は無効	不適合を通知する期間を「**引渡しから2年以上**」とする特約のみ有効	買主に不利な特約は無効（左の期間を除く）

【手付の額の制限等】

- 手付は解約手付となり、代金の2割までは有効。

【手付金等の保全措置】

- 完成物件は10%または1,000万円超、未完成物件は5%または1,000万円超の手付金等は、受領の前に、全額について保全措置が必要。

- 未完成物件は、手付金等寄託契約の措置を用いることができない。

【担保責任の特約の制限】

- 買主が不適合である旨を通知する期間に関して引渡しから2年以上となる特約を除き、担保責任について、民法の規定より買主に不利な特約は無効。

11 広告関連の規制等

ここがポイント　単純な規定ばかりですが、ほぼ**毎年出題**されています。しっかりマスターしましょう。

🖊 **チャレンジ!!** 『テーマ別厳選過去問』2 宅建業法 ▶ 問題 29 ～ 33

---

1 誇大広告等の禁止

10年間に 9回出た!

　宅建業者は、その業務に関して、次のような**誇大広告等**をしてはならない。違反すると、6か月以下の懲役・100万円以下の罰金に処せられる。

誇大広告	物件や取引条件に関し、**著しく事実に相違**し、または実際のものより**著しく優良・有利**であると誤認させる表示
おとり広告	● 実際に存在しない物件の表示 ● 取引する意思のない物件の表示

危険! 落とし穴　実際に損害が発生しなくても、広告をすれば違反となる。

---

2 広告開始時期等の制限

10年間に 11回出た!

　未完成物件に関する広告や契約は、その開始時期について、次のような制約を受ける。

開始時期	建築確認や開発許可等、物件の完成に必要とされる許可等を受けるまでは、禁止される。
禁止行為	● **広告** ▶ 売買・交換・貸借 ● **契約** ▶ 売買・交換（貸借は禁止されない）

- 許可の申請中である旨を表示しても、違反となる。
- 完成物件は、規制の対象外。

3 取引態様の明示

OK

10年間に
9回出た!

　宅建業者は、広告をするとき、及び注文を受けたときは、請求の有無にかかわらず、自らが当事者（**自ら売主**）か・**媒介**か・**代理**か、あるいは売買・交換・貸借のどのケースであるか、の区別を明示しなければならない。

明示方法に制限はなく、また、宅地建物取引士がしなければならない事務ではない。
ただし、「自ら貸借」は宅建業ではないので、明示不要。

4 供託所等に関する説明

OK

10年間に
2回出た!

　宅建業者は、取引の相手方等（宅建業者を除く）に、契約が成立するまでの間に、営業保証金を供託した供託所の名称及び所在地、または保証協会の名称等を説明するようにしなければならない。

説明のタイミングは重要事項と同じだが、**3**と同様、宅地建物取引士の事務ではない。また、書面で行う必要もない。口頭の説明でも OK。

- 誇大広告やおとり広告は、実害がなくても禁止。
- 未完成物件は、建築確認等を受けるまで、広告も契約も禁止。ただし、貸借の契約のみは可。
- 広告時と受注時は、請求がなくても取引態様を明示。
- 契約締結前に、供託所等の説明が必要。

重要度 ☆☆☆ S

12 報酬額の制限

ここがポイント **報酬計算の方法のマスターには、まずは基本を身につけ、次には問題演習が不可欠です。**

チャレンジ!! 『テーマ別厳選過去問』2 宅建業法 ▶ 問題 82 ～ 86

1 売買の報酬限度額

OK

10年間に6回出た!

宅建業者が、売買の媒介または代理の依頼を受けた場合に受領できる**報酬の限度額**は、次のようになる。なお、**交換**の場合は、**高い方の価格を基準**として、売買と同様に考えればよい（ひとまず、**1** **2** では話を簡単にするため、消費税を考えない）。

売買の媒介	依頼者の一方からの限度額	取引価格×**3%＋6万円**
売買の代理	依頼者の一方からの限度額	（取引価格×3%＋6万円）の2倍
売買の1取引当たりの限度額		（取引価格×3%＋6万円）の2倍

【計算例】 CとDがA・B間の取引に関与した場合（消費税は考慮しない）

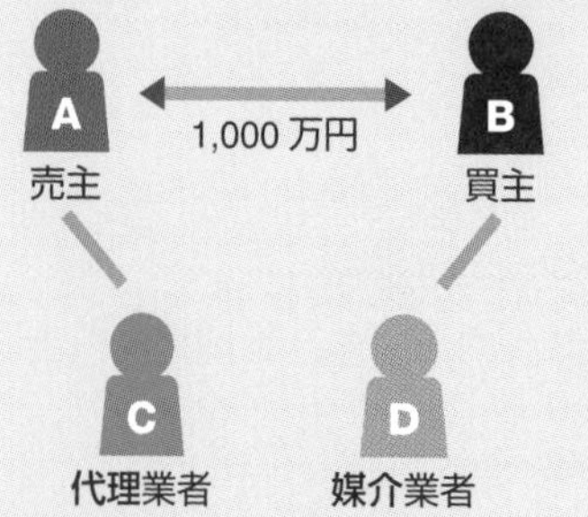
A
売主
1,000万円
B
買主
C
代理業者
D
媒介業者

▶Cは、Aからの72万円が、受領限度となる。
＝（1,000万円× **3%＋6万円**）の2倍

▶Dは、Bからの36万円が、受領限度となる。
＝ 1,000万円× **3%＋6万円**

しかし、CとDがこの限度額を受領すると、合計で108万円になってしまい、1取引当たりの限度額である**72万円**を超えてしまう。そこで、例えば、Cは50万円、Dは22万円というように、限度額の範囲内で、任意に請求額を決めることになる。

なお、「取引価格×3% + 6万円」は、取引価格が400万円超の場合の速算法であるので、**400万円以下の場合**は、次の計算式となる。

- 200万円以下 ▶ 取引価格×5%
- 200万円超〜 400万円以下 ▶ 取引価格×4% + 2万円

依頼者からの特別の依頼による広告費は、別途、請求できる。

2 貸借の報酬限度額

OK

10年間に 12回出た！

宅建業者が、**貸借の媒介または代理の依頼**を受けた場合、受領できる報酬の限度額は、次のようになる。

貸借の媒介	依頼者の一方からの限度額	1か月分の賃料
貸借の代理	依頼者の一方からの限度額	1か月分の賃料
貸借の1取引当たりの限度額		1か月分の賃料

ただし、居住用建物の貸借の媒介の場合は、次のようになる。

貸借の媒介	依頼者の一方からの限度額	あらかじめ依頼者の承諾がない限り、1か月分の賃料の1／2
貸借の1取引当たりの限度額		1か月分の賃料

したがって、例えば、賃料10万円のアパートの媒介の依頼を受けた宅建業者は、承諾がない限り、依頼者の一方からの限度額は、5万円となる（承諾があれば、原則どおり10万円となる）。

居住用建物「以外」の貸借の媒介・代理において、権利金（返還されないもの）の授受がある場合、権利金の額を売買代金の額とみなして算出した報酬の限度額と、賃料を基準とした報酬の限度額のうちの「高額な方」を、受領することができる。

3 報酬と消費税

消費税に関しては、「**物件価格**に関する消費税」と「**報酬**に関する消費税」とを、次のように分けて考える必要がある。

物件価格に関する消費税	課税される	● 建物の売買代金 ● 居住用「以外」の建物の賃料・権利金
	課税されない	● 土地の売買代金・賃料・権利金 ● 居住用建物の賃料
報酬に関する消費税	課税事業者	受領する報酬に 10%を加算※

※非課税事業者は、4%を加算できる。

そして、**報酬計算**は、「取引価格を税抜価格にする」➡「通常の報酬計算をする」➡「課税事業者は 10%を加算する」という手順で行えばよい。

4 空家等の特例

「低廉な空家等」（400 万円以下）の**売買・交換**の媒介・代理の場合、宅建業者は、依頼者である「**売主（交換を行う者）**」に対して、通常の報酬額に「**現地調査等の費用**」を上乗せして請求できる。
ただし、「18 万円＋消費税相当分（＝ 19 万 8,000 円)」を超えることはできない。

この章で

覚ゼッタイ
えよう!!

● 売買の報酬限度額は、媒介の場合が、取引価格×3%＋6万円、代理の場合はこの2倍、また、1取引当たりの額もこの2倍となる。

● 貸借の報酬限度額は、1か月分。1取引当たりの額も1か月分。

● 居住用建物の貸借の媒介の場合、依頼者の承諾がない限り、依頼者の一方からは、1／2か月分が限度。

● 居住用建物以外の貸借で権利金（返還されないもの）の授受がある場合は、「権利金を基準とした売買」として算出した額と賃料とを比較し、高額な方が限度額となる。

13 業務上の諸規制

 ここがポイント 前半の各種規制も重要ですが、試験対策上は「事務所等への設置義務」に要注意です。

✏️ **チャレンジ!!** 『テーマ別厳選過去問』2 宅建業法 ▶ 問題 87 ～ 95,101 ～ 103

1 禁止される事項 □OK

宅建業者は、その業務に関して、次の行為をしてはならない。

10年間に10回出た!

禁止行為	内　　　容	罰　　則
事実不告知の禁止	契約の勧誘に際し、または申込みの撤回や契約の解除を妨げるため、重要事項説明書や37条書面の記載事項等について、故意に事実を告げず、または不実のことを告げてはならない。	懲役2年以下罰金300万円以下
不当な報酬要求の禁止	不当に高額な報酬を要求してはならない。 ▶ 受領しなくても要求だけで違反	懲役1年以下罰金100万円以下
不当な履行遅延の禁止	業務に関して行うべき登記・引渡し・対価の支払いを不当に遅延させてはならない。	懲役6か月以下罰金100万円以下
手付貸与等による契約誘引の禁止	手付について、貸付け、立替え、分割払いその他信用を供与することにより、契約締結の誘引をしてはならない。 ▶ 手付の減額や、手付の貸付けのあっせんは禁止されない。 ▶ 誘引があれば契約しなくても違反	
限度額超過の報酬禁止	限度額を超える報酬を受領してはならない。	罰金100万円以下
守秘義務	宅建業者及び従業員は、**正当な理由**がある場合を除いて、業務から離れた後も、業務上知り得た秘密を漏らしてはならない。	罰金50万円以下

	契約の勧誘に際し、利益が生じることが確実であると誤解させるような**断定的**判断を提供したり、申込みの撤回や契約の解除を妨げるため、相手方等を威迫してはならない。	罰則なし 監督処分のみ
威迫行為等の禁止		

 「懲役」と「罰金」の両方がある場合、併科されることもある。

2 設置または掲示等の義務

10年間に
10回出た! 宅建業者は、事務所等の場所に、以下の**設置物等**を設置しなければならない。

設置物等	内　　　容	設置場所等
従業者名簿	従業者の氏名、宅建士か否かの別等を記載した名簿 ▷ 請求に応じて**公開**する義務あり ▷ 最終記載から 10 年間保存	**事務所ごと**
従業者証明書	携帯させなければ業務に就かせてはならない。	従業者全員
帳　簿	取引があった都度、取引年月日等を記載するための帳簿 ▷ **公開義務はない**。 ▷ 事業年度の末日で閉鎖し、5 年間保存 ▷ 自ら売主となる**新築**住宅の帳簿は 10 年間保存	**事務所ごと**
報酬額	報酬の限度が記載されたもの	**事務所ごとに** 見やすい場所に 掲示
標　識	免許証番号、有効期間等が記載された標識 ▷ 右の「案内所等」を設置した宅建業者が掲示する ▷ 契約の締結または申込みを受けない場合も、掲示は必要	● **事務所ごと** ● 案内所 ● 展示会場 ● 現地
案内所等の届出	右の「案内所等」を設置した場合、業務開始の 10 日前までに、**管轄知事**と**免許権者**に届出 ▷ 案内所を設置した宅建業者が届出をする。 ▷ この案内所には、専任の宅建士を 1 人以上設置しなければならない。	契約を締結し または 申込みを受ける 案内所

【具体例】

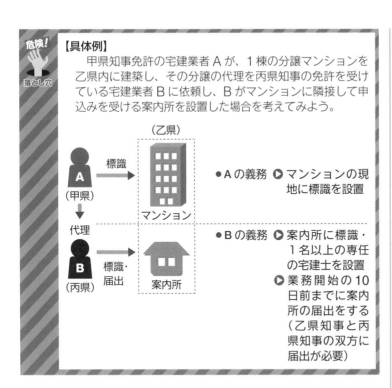

　甲県知事免許の宅建業者Aが、1棟の分譲マンションを乙県内に建築し、その分譲の代理を丙県知事の免許を受けている宅建業者Bに依頼し、Bがマンションに隣接して申込みを受ける案内所を設置した場合を考えてみよう。

（乙県）

標識

A
（甲県）

マンション

●Aの義務 ▶ マンションの現地に標識を設置

代理

B
（丙県）

標識・届出

案内所

●Bの義務 ▶ 案内所に標識・1名以上の専任の宅建士を設置
▶ 業務開始の10日前までに案内所の届出をする（乙県知事と丙県知事の双方に届出が必要）

- 手付の貸付け、立替え、分割払い等によって契約を誘引してはならない。
- 従業者名簿・帳簿・報酬額は、事務所のみに設置。
- 従業者名簿は最終記載から10年間保存、帳簿は閉鎖から5年間（自ら売主となる新築住宅の場合は10年間）保存。
- 標識は、契約の締結をしないまたは申込みを受けなくても、事務所のほか、案内所や現地にも、掲示が必要。
- 契約の締結をしまたは申込みを受ける案内所は、業務開始の10日前までに、管轄知事と免許権者に届出をする。また、専任の宅地建物取引士を1人以上設置しなければならない。

14 監督処分・罰則

重要度 ☆☆★ **A**

ここが ポイント **監督処分**の全体構造を把握することが早道です。 ポイントを要領よく学習しましょう。

チャレンジ!! 『テーマ別厳選過去問』2 宅建業法 ▶ 問題 96 〜 103

1 監督処分の全体像 OK □

10年間に 10回出た! 宅建業者及び宅地建物取引士に対する**監督処分**の全体像は、次のとおりである。

（〇＝必要、✕＝不要）

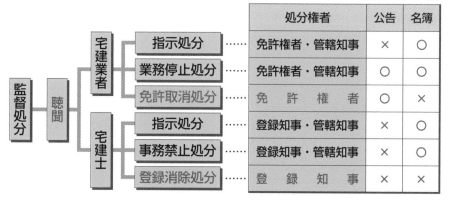

		処分権者	公告	名簿
宅建業者	指示処分	免許権者・管轄知事	✕	〇
	業務停止処分	免許権者・管轄知事	〇	〇
	免許取消処分	免 許 権 者	〇	✕
宅建士	指示処分	登録知事・管轄知事	✕	〇
	事務禁止処分	登録知事・管轄知事	✕	〇
	登録消除処分	登 録 知 事	✕	✕

監督処分 ← 聴聞

【監督処分の全体像のポイント】

- 監督処分をするときは、原則として、事前に**公開による聴聞**の手続きが必要。
- 宅建業者に対する免許取消処分と宅地建物取引士に対する登録消除処分は、それぞれ**免許権者・登録知事**のみが処分権者であるが、その他の処分は、業務を行った場所を**管轄する知事**も、処分権者である。
- 宅建業者に対して監督処分をした場合、原則として官報等にその旨が**公告**されるが、**指示処分**は公告されない。また、宅地建物取引士の場合は、公告されない。

148

- 監督処分をした場合、宅建業者名簿や宅地建物取引士登録簿にその履歴が記載されるが、免許取消処分と登録消除処分の場合は、名簿の記載自体が消除されるため記載の対象とならない。
- 業務停止処分と事務禁止処分は、いずれも1年以内の期間を定めて行われる。

2 処分事由

OK☐

処分事由は非常に多岐にわたる。ここではポイントのみを押さえておこう。

宅建業者に対する指示処分・業務停止処分及び免許取消処分の関係

- 宅建業法の規定に違反した場合は、すべて指示処分の対象となる。
- 業務に関して**他の法令**に違反して、宅建業者として不適当であると認められた場合も、指示処分を受ける。
- 指示処分に従わないと、業務停止処分を受ける。
- 業務停止処分に違反した場合、または業務停止処分事由に該当して情状が特に重いと、免許取消処分を受ける。

宅地建物取引士に対する指示処分・事務禁止処分・登録消除処分の関係

- 宅地建物取引士として行う事務に関し、不正または著しく不当な行為をすると、指示処分または事務禁止処分を受ける。
- 指示処分に従わないと、事務禁止処分を受ける。
- 事務禁止処分に違反して事務を行った場合、または事務禁止処分事由に該当し、情状が特に重い場合、登録消除処分を受ける。

宅建業者に対する処分と宅地建物取引士に対する処分との関係

- 宅地建物取引士が、指示、事務禁止または登録消除処分を受け、**宅建業者の責めに帰すべき理由**があるときは、宅建業者も、指示または業務停止処分を受ける。

任意的免許取消処分

免許取消処分は、原則として必要的な取消処分（事由に該当したら必ず処分）であるが、次の3つは**任意的な取消処分**（処分するか否かは免許権者の任意）である。
- 免許の条件に違反したとき
- 宅建業者の所在不明
- 営業保証金の供託届出がない

｝免許を取り消すことが「できる」

10年間に
2回出た!

　罰則の数値で、試験で出題されやすいものは、前章「**13 業務上の諸規制**」で記載した。ここでは、「最も重いもの」と「最も軽いもの」だけを押さえておこう。

３年以下の懲役または300万円以下の罰金	●不正手段で免許取得 ●無免許営業 ●名義貸しで営業させた ●業務停止に違反して業務をした
10万円以下の過料	宅地建物取引士証の返納・提出・及び重要事項説明時の提示義務に違反

危険!
落とし穴

●法人の代表者等が違反行為をした場合、その本人に罰則が科されるほか、その法人にも同様の罰金刑が科せられる。
●事実不告知の禁止や不正手段による免許の取得等の重大な違反行為については、法人に１億円以下の罰金刑が科せられる。

この章で
覚えよう!! **ゼッタイ**

●免許取消処分は免許権者のみ、登録消除処分は登録知事のみが、それぞれできるが、他の処分は、管轄知事でも可能である。
●宅建業者に対する業務停止処分・免許取消処分は公告されるが、他の処分は公告されない。
●免許取消処分と登録消除処分は名簿に記載されないが、他の処分は記載される。

重要度 ★★★ A

15 住宅瑕疵担保履行法

 例年、宅建業法の最後に1問出題されています。宅建業者に課せられた手続を理解しましょう。

チャレンジ!! 『テーマ別厳選過去問』2 宅建業法 ● 問題104〜108

欠陥住宅を購入した買主は、売主に対して**担保責任**により損害賠償の請求等をすることができる。しかし、高額な賠償金の負担に売主が応じることができなければ、結局は、買主の泣き寝入りにならざるを得ない。

そこで、このような事態に備えて、**売主に賠償金の履行を確保させるため**、住宅瑕疵担保履行法が定められた。

1 用語の定義 OK □

住　宅	人の居住用の家屋または家屋の部分をいう。
新築住宅	新たに建設された住宅で、人の居住の用に供したことがなく、工事完了から1年を経過しないものをいう。
特定住宅瑕疵担保責任	新築住宅の構造耐力上主要な部分、または雨水の浸入のおそれのある部分の瑕疵に対する担保責任で、引渡しの時から10年間負うものをいう。

10年間に6回出た!

151

特定住宅瑕疵担保責任の履行を確保する措置として、**保証金の供託・保険契約の締結**の2種があり、宅建業者はこれを選択または併用して、履行確保等の措置を講じなければならない。

そのための手続は、次のとおりである。

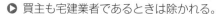

義務者	**自ら売主**として、新築住宅を販売する宅建業者 ▷ 買主も宅建業者であるときは除かれる。

履行確保等の措置	保証金の供託	毎年の基準日（3月31日）から3週間を経過する日までの間に、その基準日の前10年間に自ら売主として引き渡した新築住宅の戸数に応じた額の保証金を供託する。
	保険契約の締結	一定の保険契約を締結し、買主に対する保険証券などの書面の交付（電磁的記録の提供）が必要。 ▷ この保険契約をした住宅の戸数は、上記の供託金算定の基準である戸数から除かれる。

届　出	基準日から3週間以内に、保証金の供託及び保険契約の締結の状況について、**免許権者に届出**をしなければならない。 ▷ 届出がないと、基準日の翌日から起算して50日経過後は、**新築住宅の販売が禁止**される。

買主への説　明	宅建業者は、新築住宅の買主に対し、**売買契約の締結前**までに、書面を交付して、**供託所の所在地等を説明**しなければならない。 ▷ 買主の承諾を得て、書面の交付に代えて、電磁的方法により提供できる。

- 履行確保等の措置を行う義務を負うのは、自ら売主として新築住宅を販売する宅建業者である。
- 各基準日から3週間以内に、前10年間に引き渡した新築住宅の戸数に応じた保証金を供託する。
- 履行確保等の措置を講じた宅建業者は、基準日から3週間以内に、その旨を、免許権者に届け出なければならない。
- 履行確保等の措置を講じた宅建業者は、新築住宅の買主に、契約締結前までに、書面（電磁的方法）で、供託所等の説明をしなければならない。

第3編

法令上の制限

法令上の制限は、難解で聞き慣れない言葉が多く登場するので、苦手意識を持ちやすい分野です。でも、得意にしてしまえば、逆にほかの受験生に差をつけられます。赤シートをしっかり活用して、ポイントをばっちり暗記しましょう。

1 都市計画法—①都市計画の内容

ここがポイント 試験対策と割り切って**ポイント**だけを押さえることが大切。**苦手意識**を払拭しましょう。

チャレンジ!! 『テーマ別厳選過去問』3 法令上の制限 ▶ 問題 1 〜 10

都市計画法は、計画的な街づくりのための法律である。ここでは、どのような計画を、誰がどのように決めるのかを確認した後、都市計画に伴ってどのような制限がされているか、ということを中心に整理しよう。

1 都市計画区域と準都市計画区域の指定　OK☐

都市計画法を適用して都市づくりをする区域を、**都市計画区域**または**準都市計画区域**という。

> **10**年間に **2**回出た!

その定義のキーワードは、次のとおりである。

都市計画区域	一体の都市として**総合的に整備**し、**開発**し、及び**保全**する必要がある区域
準都市計画区域	将来における一体の都市としての整備、開発及び保全に「**支障が生じるおそれがある**」と認められる一定の区域

この2つの区域を指定するのは、原則的には都道府県だが、2以上の都府県にわたる都市計画区域の場合の指定権者は、国土交通大臣となる。

2 マスタープランと区域区分

　マスタープランとは、一貫した都市づくりをするための基本方針のことである。また、**区域区分**とは、都市計画区域を**市街化区域**と**市街化調整区域**とに分けるための都市計画である。この2つの都市計画によって、都市計画区域の大枠が決められる。

　ここでは、市街化区域と市街化調整区域の**定義**を押さえよう。

市 街 化 区 域	**既に市街地を形成している区域及びおおむね10年以内に優先的かつ計画的に市街化**を図るべき区域
市街化調整区域	市街化を抑制すべき区域

区域区分は、原則として任意である。したがって、すべての都市計画区域が区域区分されるわけではないが（非区分の都市計画区域もある）、3大都市圏や指定都市の都市計画区域は、一部を除き、必ず区域区分される。

OK

地域地区とは、都市計画区域内の土地の利用目的を定めるもので、用途地域をはじめ、多種多様である。それぞれの定義と都市計画に定める主な事項がポイントになるので、キーワードを押さえておこう。

10年間に
10回出た!

主な地域地区の種類		定義（キーワード）	都市計画に定める主な事項
用途地域	第一種低層住居専用地域	低層住宅にかかる～	容積率、建蔽率、高さ
	第二種低層住居専用地域	主として低層住宅～	
	田園住居地域	農業の利便の～	
	第一種中高層住居専用地域	中高層住宅にかかる～	容積率建蔽率
	第二種中高層住居専用地域	主として中高層住宅～	
	第一種住居地域	住居の環境を～	
	第二種住居地域	主として住居の～	
	準住居地域	道路の沿道としての～	
	近隣商業地域	近隣の住宅地の～	
	商業地域	主として商業～	容積率
	準工業地域	主として環境の悪化を～	容積率建蔽率
	工業地域	主として工業の利便～	
	工業専用地域	工業の利便を～	
特別用途地区		用途地域内で特別の目的の実現を図る	条例で規制
高度地区		用途地域内で高さの限度を定める	高さ
高度利用地区		用途地域内で土地の高度利用を図る	容積率・建蔽率等
高層住居誘導地区		商業、工業及び専用地域以外で高層住居を誘導する	
特定用途制限地域		用途地域以外で特定の用途を制限する	用途の概要
特定街区		街区の整備改善のため、超高層を建築	容積率、高さ等
景観地区		良好な景観の形成を図る	景観法で規制
風致地区		都市の風致を維持する	条例で規制

1 都市計画法 I ① 都市計画の内容

4 都市施設と都市計画制限

　都市施設とは、道路・公園等の都市の根幹となる施設を作る都市計画のことであり、**市街地開発事業**とは、ニュータウンの建設や再開発等を実施するための都市計画である。これらの都市計画によって行われる事業を総称して、**都市計画事業**という。

　これらの都市計画が決定された計画段階の区域では、建築行為等が規制されるとともに、実際に着工する実施段階では、その規制内容がより厳しくなる。

計画段階の規制	「都市計画施設の区域または市街地開発事業の施行区域の制限」といい、建築物の建築のみ、知事等の許可が必要となる。
実施段階の規制	「都市計画事業地内の制限」といい、建築物の建築、工作物の建設、**土地の形質の変更**、重量物件の設置・堆積のすべてに、知事等の許可が必要となる。

　なお、都市施設に関しては、他の都市計画と異なり、**都市計画区域外**にも定めることができる。

　また、都市施設のうち**道路・公園・下水道**は、少なくとも市街化区域及び非区分区域内に定めなければならず、**義務教育施設**は、住居系の用途地域内に定めなければならない。

160

OK

地区計画とは、比較的小規模な地区の特性を活かすため、小公園や細街路等を整備するとともに、住民の土地利用も制限する都市計画である。ここでは、次の**定義**と**制限**を押さえておこう。

10年間に
7回出た!

地区計画の定義	建築物の建築形態、公共施設その他の施設の配置等からみて、**一体としてそれぞれの区域の特性にふさわしい**態様を備えた**良好な環境の各街区**を整備し、開発し、及び保全するための計画
地区計画の制限	建築物の建築や土地の区画形質の変更等 ▶ 行為着手の 30 日前までに市町村長へ届出が必要となる。

※市町村は、**条例**で、地区計画の区域（地区整備計画で現に存する農地で制限が定められている区域に限る）内の農地の区域内における土地の形質の変更・建築物の建築等、土石その他の物件の堆積を行う場合、「市町村の**許可**を受けなければならない」とすることができる。

- 「準」都市計画区域は、将来支障が生じるおそれのある区域と覚えよう。
- 市街化調整区域は、市街化を抑制すべき区域である。
- すべての用途地域では、都市計画で容積率を定める。
- 高度地区は高さの限度を定め、高度利用地区は高さを定めない。
- 特別用途地区、高度地区、高度利用地区は、用途地域内のみに定める。
- 高層住居誘導地区は、「〜専用地域」には定めない。
- 都市施設等の制限は、計画段階では建築物の建築だけが許可制だが、実施段階では、土地の形質の変更等も許可制になる。
- 都市施設は、都市計画区域外にも定めることができる。
- 地区計画の制限は、30 日前までに市町村長に届出。

重要度 ☆☆☆ **S**

2 都市計画法 — ② 開発許可制度

ここが ポイント 開発許可の要否・手続及び建築制限は、しっかり得点すべきテーマです。頑張りましょう！

チャレンジ!! 『テーマ別厳選過去問』3 法令上の制限 ◉ 問題 11 〜 17

1 開発許可の要否

OK ☐

10年間に 9回出た! ▶ 開発行為を行う者は、原則として**都道府県知事の許可**が必要である。この原則に対する**例外**を押さえよう。

「開発行為」とは	● 建築物の建築 ● 第一種特定工作物の建設 　　◉ コンクリートプラント、危険物貯蔵庫等 ● 第二種特定工作物の建設 　　◉ ゴルフコース、1ha 以上の運動施設、墓園等	左記のために行う、土地の区画形質の変更

● 上記の開発行為に該当しなければ、そもそも**許可不要**
● 上記の開発行為でも、次のいずれかに該当すれば許可不要

区域 例外	市街化区域	市街化調整区域	区域区分の定めのない都市計画区域・準都市計画区域	(準)都市計画区域外
規模の例外	1,000 ㎡未満	——	3,000 ㎡未満	10,000 ㎡未満
農林漁業施設	——	一切許可不要		
公益的施設	駅舎その他の鉄道の施設、図書館、公民館、変電所等			
その他例外	● 都市計画事業、土地区画整理事業、市街地再開発事業の施行として行う開発行為 ● 非常災害のため必要な応急措置として行う開発行為 ● 通常の管理行為、軽易な行為			

- 市街化調整区域等では、農林漁業者の居住用建築物も許可不要となる。ただし、農産物等の加工の用に供する建築物は、許可が必要となる。
- 国または都道府県等が開発行為を行う場合、都道府県知事との協議の成立をもって許可があったものとみなされる。

2 開発許可の手続 OK

許可を受けてから工事を完成させるまでの手続のポイントは、次のとおりである。

10年間に6回出た!

許可申請	● 開発行為に**関係がある**公共施設の管理者と**協議**し、**同意を得る**。 ● 開発行為により**設置される**公共施設の管理者となる者と**協議**する。 ● 1ha 以上の開発行為の設計図書は、有資格者が作成する。

審査基準	● すべての開発行為に適用される共通の基準 　◉ **用途制限**に適合すること、排水施設が適切に配置されること　等 ● 自己の居住用建物のための開発行為「**以外**」にだけ適用される基準 　◉ 道路、給水施設等が適切に配置されること、災害レッドゾーンを含まないこと　等 ● 他人の居住用・業務用建物のための開発行為にのみ適用される基準 　◉ 必要な資力・信用があること、工事完成の能力があること

処　分	● 許　可　◉ 開発登録簿に予定建築物の用途等を記載して**公開**する。 　　　　　◉ **用途地域の定めのない区域**の場合、知事は、建蔽率や建築物の高さ等を定めることができる。 ● 不許可　◉ **開発審査会**に審査請求でき、裁判所に訴えることもできる。

変　更	● 開発区域の規模や予定建築物の用途等を変更➡**知事の許可**が必要。 ● 工事を廃止したときは、遅滞なく届出が必要。 ● 開発許可を得た者が死亡等　◉ 一般承継人は**当然**に地位を承継 ● 開発許可を得た土地を購入　◉ 特定承継人は**知事の承認**を受けて地位を承継

完 了	● 工事が完了したら遅滞なく**届出**をし、検査を受ける。 ● 知事は検査済証を交付し、**工事完了公告**をする。 ● 完了公告の効果 ▷ 設置された公共施設は**市町村**が管理する。 　　　　　　　　　 ▷ 公共施設の敷地は**管理者**に帰属する。

3 開発区域内の建築制限

　　許可を受けた開発区域内では、次のように、（土地の区画形質の変更を伴わない）建築行為が規制されている。それぞれ、**原則**と**例外**をしっかり意識することがポイントである。

工事完了公告前		工事完了公告後	
原則	**例外**	**原則**	**例外**
建築禁止	● **工事用仮設建築物** ● 知事が認めた場合 ● 開発許可に不同意の者の権利行使	**予定建築物**以外の建築は禁止	● 知事が許可したとき ● **用途地域**に適合する場合

> **危険！**
落とし穴　　工事完了公告前であっても、土地の分譲は規制されない。

市街化調整区域のうち開発許可を受けた開発区域以外の区域内では、次のように**建築行為**が規制されている。

10年間に
3回出た！

原　則	建築物または第一種特定工作物を新築し、または用途変更をするには、**都道府県知事の許可が必要**
例　外	●農林漁業用建築物または農林漁業者の**居住用**建築物 ●駅舎その他の鉄道の施設、図書館、公民館、変電所等 ●都市計画事業の施行として行うもの ●非常災害のため必要な応急措置として行う開発行為 ●通常の管理行為、軽易な行為 ●仮設建築物の新築

なお、「例外」の多くは、「開発許可の例外」（**1**）と同じである。

- 開発行為の定義に該当しない行為は、開発許可不要。
- 市街化区域 1,000 ㎡未満、区域区分の定めのない都市計画区域・準都市計画区域 3,000 ㎡未満は、開発許可不要。
- 市街化区域以外で農林漁業用施設は、常に開発許可不要。
- 図書館、公民館等は、区域や規模を問わず、常に開発許可不要。
- 開発行為に関係がある公共施設の管理者　▶協議と同意
開発行為により設置される公共施設の管理者　▶協議
- 用途地域の定めがない区域の開発許可に際し、知事は建蔽率等を定めることができる。
- 一般承継人は当然に、特定承継人は知事の承認を得て、許可に基づく地位を承継する。
- 工事完了公告前でも、開発区域内で工事用仮設建築物は建築できる。
- 工事完了公告後でも、原則として予定建築物以外は、建築禁止。
- 市街化調整区域の開発区域外の建築制限では、「例外」の多くが、「開発許可」の「例外」と同じである。

2
都市計画法I‐② 開発許可制度

3 建築基準法−①総則・単体規定

**ここが
ポイント** 建築確認の要否をマスターすることが大切。
キーとなる特殊・大規模建築物の要件を覚えましょう。

チャレンジ!! 『テーマ別厳選過去問』3 法令上の制限 ○ 問題 18・19,28 〜 34

1 建築確認 〔OK□〕

10年間に
8回出た!

（1）建築確認が必要となる工事

　建築主は、次のいずれかの工事に着手する前に、その計画について建築確認を受け、確認済証の交付を受けなければならない。

（全国どこでも確認必要＝◎、（準）都市計画区域内のみ確認必要＝○）

建築物 ＼ 工事の種類	新築、増改築、移転	大規模な修繕	大規模な模様替え	用途変更
特殊建築物 （注1）	◎	◎	◎	◎ （注3）
大規模な建築物 （注2）	◎	◎	◎	
上記以外の建築物	○			

（**注1**）特殊建築物：共同住宅やホテル、病院、店舗等で、その用途に供する部分の床面積が 200 ㎡を超えるもの
（**注2**）大規模な建築物：次のどれか1つでも該当するものをいう。
　　　　●木　造：3階以上・延べ面積500 ㎡超・高さ13m 超・軒高9m 超
　　　　●非木造：2階以上・延べ面積200 ㎡超
（**注3**）政令で定める類似の用途相互間での用途変更では、不要

危険!
落とし穴
防火地域・準防火地域「以外」の地域で、10 ㎡以内の増改築・移転をする場合は、建築物の種類を問わず確認は不要である。

（2）建築確認の手続

確認申請から**使用開始**までのフローは、次のようになる。

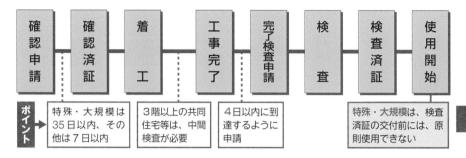

確認申請	確認済証	着工	工事完了	完了検査申請	検査	検査済証	使用開始

ポイント ▶
特殊・大規模は35日以内、その他は7日以内 ｜ 3階以上の共同住宅等は、中間検査が必要 ｜ 4日以内に到達するように申請 ｜ 特殊・大規模は、検査済証の交付前には、原則使用できない

2 単体規定

OK

全国どこでも、個々の建築物に適用される技術的基準を、**単体規定**という。多くの規定があるので、主要なものに絞って整理しよう。

10年間に**10**回出た！

防火壁等	延べ面積が**1,000 ㎡を超える**建築物は、防火壁または防火床によって**1,000 ㎡以内**に区画しなければならない。ただし、**耐火建築物または準耐火建築物**などは、この規制を受けない。
避雷施設	高さ**20m を超える**建築物には、原則として、有効に避雷設備を設けなければならない。
非常用昇降機	高さ**31m を超える**建築物には、原則として、非常用の昇降機を設けなければならない。
石綿等	建築材料に石綿その他の著しく衛生上有害なものとして政令で定める物質を添加してはならない。
開口部の確保	住宅の居室には、原則として、次の割合で開口部が必要となる。 ● 採光のため ▶ 床面積の 1／7 以上 　　　　　　　 （例外：1／10 以上） ● 換気のため ▶ 床面積の 1／20 以上
地階の居室	住宅の居室等で地階に設けるものは、壁及び床の防湿の措置等について、衛生上必要な技術的基準に適合しなければならない。

> ●地方公共団体は、条例で、災害危険区域を指定でき、区域内の住宅の必要な建築制限も、条例で定める。

3 建築協定

OK □

10年間に 1回出た！

　一定の区域内で、住民が自主的に建築物の敷地や構造、用途、形態及び意匠についてルールを定めることができる。これを**建築協定**という。ポイントは、**協定の締結の手続**とその**効力**の2点である。

締結の手続 (❶~❸すべて要)	❶協定が締結できる旨の**条例**が市町村にあること ❷協定区域内の土地所有者等の**全員の合意**があること ❸特定行政庁の認可を得ること
協定の効力	●認可の公告後、土地所有者になった者にも、効力が及ぶ。
協定の変更	●協定区域内の土地所有者等の**全員の合意**があること
協定の廃止	●協定区域内の土地所有者等の**過半数の合意**があること

- ●200㎡超の特殊建築物・大規模建築物の建築・大規模な修繕及び模様替えは、全国どこでも確認が必要。
- ●木造の大規模建築物は、3階以上・延べ面積500㎡超・高さ13m超・軒高9m超のいずれかである。
- ●防火・準防火地域以外で10㎡以内の増改築・移転は確認不要。

168

4 建築基準法−②集団規定

集団規定では、容積率と建蔽率、高さ規制、防火地域等の規制の3点を優先させましょう。

チャレンジ!! 『テーマ別厳選過去問』3 法令上の制限 ● 問題 20 〜 27,29,31

　　集団規定は、建築物と都市との関係や、建築物相互の関係を規定したものであり、原則として、**都市計画区域内及び準都市計画区域内**にのみ適用される。建築基準法の出題の大半を占めるため、特に**正確な暗記**を心がけよう。

1 道路

　　建築基準法上、原則として、**道路**は幅員4m以上のものをいうが、幅員4m未満でも特定行政庁の指定を受けたものは道路とみなされる（「**2項道路**」）。ポイントは、次の3点である。

10年間に
8回出た!

接 道 義 務	建築物の敷地は、原則として、道路に2m以上接しなければならない。
条 例 の 付 加	地方公共団体は、条例で、接道義務の制限を付加できる（緩和はできない）。
道路内の制限	建築物や敷地の擁壁は、原則として、道路内に建築できない。

2 建蔽率・容積率

　　建蔽率とは、建築面積の敷地面積に対する割合をいい、**容積率**とは、延べ面積の敷地面積に対する割合をいう。

　　建蔽率は**緩和措置**が重要であり、容積率は前面道路の**幅員**が12m未満の場合の求め方がポイントになる。

10年間に
11回出た!

建蔽率	原則	商業地域の建蔽率は 8／10、その他の地域は都市計画による。
	緩和措置	●特定行政庁の指定した角地は＋1／10 ●防火地域内で耐火建築物等、準防火地域内で耐火建築物等・準耐火建築物等を建築する場合は＋1／10 　ただし、防火地域で 8／10 の地域の場合は、建蔽率の制限がなくなる。
容積率	前面道路の幅員が	●12m 以上：指定容積率がそのまま適用 ●12m 未満：指定容積率と次の数値（道幅容積率）のうち、厳しい方の値となる。 　❷ 住居系の用途地域は、道幅×4／10（原則） 　❷ その他の地域は、道幅×6／10（原則）

- 前面道路が複数あるときは、最も広いものを基準とする。
- 建蔽率や容積率の制限が異なる地域にわたる場合は、各地域の数値に面積割合を乗じた数値を合算する。
- 容積率の算定上、❶エレベーターの昇降路、❷共同住宅または老人ホーム等の共用廊下・階段、❸住宅・老人ホーム等の機械室等は、延べ面積に算入しない。

3 防火地域・準防火地域の規制

10年間に **5** 回出た！

　防火地域または準防火地域では、次の構造の建築物は、それぞれ耐火建築物等または準耐火建築物等としなければならない。

	防火地域	準防火地域
①耐火建築物等とすべきもの	●3 階以上 　または ●延べ面積 100 ㎡超	●4 階（地階を除く）以上 　または ●延べ面積 1,500 ㎡超
②耐火建築物等または準耐火建築物等とすべきもの	①以外の建築物	●3 階（地階を除く）、かつ、延べ面積 1,500 ㎡以内 ●2 階（地階を除く）以下、かつ、延べ面積が 500 ㎡超で 1,500 ㎡以内
③上記①②より「より緩やかな基準に適合した建築物」とできるもの	高さ 2 m 以下の門または塀等	
		2 階（地階を除く）以下、かつ、延べ面積が 500 ㎡以内の建築物等

危険！ 落とし穴
- 建築物が防火地域と準防火地域にわたる場合等は、原則として、その全部について厳しい地域の規制が適用される。

4 高さ制限

OK

建築物の高さでは、いわゆる**斜線制限**と**日影規制**が重要である。どの地域でどの規制が適用されるか、次の表の赤字部分が、特にポイントになる。

10年間に **2** 回出た！

（適用＝〇、不適用＝×、日影規制が適用された場合は不適用＝△）

地域 制限の種類	一種低層	二種低層	田園住居	一種中高層	二種中高層	一種住居	二種住居	準住居	近隣商業	商業	準工業	工業	工業専用	用途無指定
道路斜線	〇	〇	〇	〇	〇	〇	〇	〇	〇	〇	〇	〇	〇	〇
隣地斜線	×	×	×	〇	〇	〇	〇	〇	〇	〇	〇	〇	〇	〇
北側斜線	〇	〇	〇	△	△	×	×	×	×	×	×	×	×	×
日影規制	〇	〇	〇	〇	〇	〇	〇	〇	〇	×	〇	×	×	〇

日影規制の対象建築物

第一種・第二種 低 層 住 専 田 園 住 居	軒高 7m 超または 3 階建て以上（地階を除く）の建築物
他の用途地域	高さ 10m を超える建築物

危険！ 落とし穴
- 日影規制は、上記の適用区域のうち、地方公共団体が条例で指定する区域で適用される。
- 日影規制の適用区域外の建築物であっても、冬至日においてその日影が適用区域内に落ちる場合は、適用区域内にあるものとみなされる。

5 低層住居専用地域・田園住居地域の規制

10年間に 3回出た!

　第一種、第二種低層住居専用地域、田園住居地域では、都市計画で、**建築物の高さと外壁の後退距離**が規制を受ける。

建築物の高さ	10m または 12m が限度と定められる（必須）
外壁の後退距離	1.5m または 1m を限度に定めることができる（任意）

6 建築物の用途制限

10年間に 8回出た!

　各用途地域内に建築できる**建築物の用途**は、次のとおりである。

（注）□では建築できるが、☒では特定行政庁の許可がなければ建築できない

地域／建築物の種類	一種低層	二種低層	*7田園住居	一種中高層	二種中高層	一種住居	二種住居	準住居	近隣商業	商業	準工業	工業	工業専用
神社等、保育所、公衆浴場、診療所、公衆便所、巡査派出所等													
住宅、共同住宅、図書館、老人ホーム等													×
幼稚園～高校（学校）												×	×
各種専門学校、大学、病院	×	×	×									×	×
150㎡以下の店舗、飲食店	×	*3	*3	*3	*3								*4
500㎡超の〃	×	×	×	×	*1	*2	*5	*5				*5	*4 *5
事務所	×	×	×	×	*1	*2							

172

地域 建築物の種類	一種低層	二種低層	*7 田園住居	一種中高層	二種中高層	一種住居	二種住居	準住居	近隣商業	商業	準工業	工業	工業専用
カラオケボックス、ダンスホール	×	×	×	×	×	×	*5	*5				*5	*5
200㎡未満の映画館、劇場、ナイトクラブ	×	×	×	×	×	×	×					×	×
200㎡以上の 〃	×	×	×	×	×	×	×	×				×	×
料理店	×	×	×	×	×	×	×	×	×			×	×
ホテル、旅館	×	×	×	×	×	*2						×	×
忌避施設等*6	×	×	×	×									

*1：当該用途に供する部分が2階以下で、かつ、床面積の合計が 1,500 ㎡以下であれば建築できる

*2：当該用途に供する部分の床面積の合計が 3,000 ㎡以下であれば建築できる

*3：当該用途に供する部分が2階以下であれば建築できる

*4：物品販売店舗と飲食店は建築できない

*5：当該用途に供する部分の床面積の合計が 10,000 ㎡を超えるものは建築できない

*6：都市計画で位置が決定している必要がある

*7：農産物の生産・集荷・処理・貯蔵に供するもの、農業の生産資材の貯蔵に関するもの、農産物の販売店舗等は、建築可

危険！ 落とし穴　各用途地域に建築することができない用途の建築物であっても、公益上やむを得ない等の理由により特定行政庁が許可したときは、建築することができる。

この章で ◎ 覚えよう!! ゼッタイ

- 建築物の敷地は、原則として、道路に 2m 以上接しなければならない。
- 特定行政庁の指定した角地と、防火地域に耐火建築物等、準防火地域に耐火建築物等・準耐火建築物等を建築する場合は、建蔽率がそれぞれ 1／10 プラスされる。
- 前面道路の幅員が 12m 未満の敷地は、指定容積率と道幅容積率のうち、厳しい方が適用される。
- 防火地域内の 3 階以上または 100 ㎡超の建築物は、耐火建築物等にしなければならない。
- 日影規制は、商業、工業、工業専用地域では適用なし。
- 低層住専・田園住居地域では軒高7m超または3階以上、その他の用途地域は高さ10m超が、日影規制の対象建築物となる。

5 宅地造成・盛土等規制法

重要度 ★★★ S

> **ここがポイント** 農地法と並んで、ぜひ得点したいテーマです。
> 本書と過去問の繰り返しあるのみです。

 チャレンジ!! 『テーマ別厳選過去問』3 法令上の制限 ▶ 問題 35 〜 40

宅地造成・盛土等規制法は、宅地造成・特定盛土等・土石の堆積に伴う崖崩れまたは土砂の流出による災害の防止のため必要な規制を行うことにより、**国民の生命および財産の保護を図る**ことを目的とする法律である。

1 用語の定義 OK

⚠️ **法改正** 次の3つをあわせて「宅地造成等」という。

宅地造成	宅地以外の土地を宅地にするために行う盛土その他の土地の形質の変更で、一定規模のもの
特定盛土等	宅地または農地等において行う盛土その他の土地の形質の変更で、一定規模のもの
土石の堆積	宅地または農地等において行う一時的な土石の堆積で、一定規模のもの

2 3つの区域 OK

⚠️ **法改正** 都道府県知事は、盛土の崩落などの土砂災害の危険から人命を守るため、さまざまな規制や安全対策を実施する必要がある区域を「危険なエリア」として指定できる。

174

宅地造成等 工事規制区域	市街地・集落・**それらの周辺**など、宅地造成・盛 土等が行われた場合に人家などに危害を及ぼしう るエリアとして指定する区域
特定盛土等 規 制 区 域	市街地・集落などから**離れている**ものの、地形等 の条件から、盛土等が行われた場合に人家などに 危害を及ぼしうるエリアとして指定する区域
造 成 宅 地 防 災 区 域	地すべり的崩落が発生するおそれが高い**既存**の造 成宅地に対して指定する区域

3 宅地造成等工事規制区域の指定

OK ☐

都道府県知事は、宅地造成等に伴い災害が生ずるおそれが大き
い市街地または市街地となろうとする土地の区域または集落の区
域（隣接・近接する区域を含む）で、**宅地造成等に関する工事**に
ついて規制を行う必要があるものを、「**宅地造成等工事規制区域**」
として指定できる。

10年間に
4回出た!

① 法改正

4 宅地造成等工事規制区域内の許可

OK ☐

（1）許可が必要な宅地造成等工事

宅地造成等工事規制区域内で、以下の「宅地造成等に関する工
事」（次の①②）をする**工事主**は、原則として、**知事の許可**を受
けなければならない。

10年間に
11回出た!

① 法改正

① 許可の対象となる「**宅地造成**」と「**特定盛土等**」は、次のい
ずれかにあたるものをいう。

- **盛土**で 1m を超える崖が生じるもの
- **切土**で 2m を超える崖が生じるもの
- **盛土と切土**をあわせて **2m を超える崖**が生じるもの
- **盛土**で高さ 2m 超のもの
- **盛土・切土**をする土地の**面積**が 500 ㎡を超えるもの

② 許可の対象となる「**土石の堆積**」は、次のいずれかにあたる
ものをいう。

- 高さが 2 mを超え、かつ**面積が 300 ㎡を超える**もの（最大時）
- **面積が 500 ㎡を超える**もの（最大時、**高さを問わない**）

175

（2）許可から工事完了までの手続

許可申請から工事完了までのポイントを、時系列で整理しよう。

設計	高さ 5m を超える擁壁の設置または 1,500 ㎡を超える土地の排水施設の設置については、有資格者の設計が必要

↓

許可申請	工事主が、工事着手前に、知事に許可申請をする

↓

許可処分	知事は、許可をしたときは**許可証を交付**し、不許可のときは**文書で通知**する

↓

完了検査	● 工事主は、工事が完了したときは、知事に**検査の申請**を行う ● 知事は、完了検査を行ったうえで**検査済証を交付**する

5 宅地造成等工事規制区域内の一定の行為の届出

宅地造成等工事規制区域内で、次の者は、知事に「届出」をしなければならない。

届出が必要な者	届出期間
宅地造成等工事規制区域の指定の際、当該区域内で**既に行われている**宅地造成工事の**工事主**	指定の日から21 日以内
宅地造成等工事規制区域内の土地（**公共施設用地を除く**）高さ 2m を超える**擁壁**、**排水施設等**の全部または一部の**除却工事**を行おうとする者（許可を受けた場合を除く）	工事着手日の14 日前まで
公共施設用地を**宅地・農地等**に**転用**した者（許可を受けた場合を除く）	転用した日から14 日以内

6 宅地造成等工事規制区域内の土地の保全義務等

宅地造成等工事規制区域内での災害の発生を防止するため、宅地の所有者等には、次の**保全義務**が課せられている。また、知事

は、**勧告・改善命令**をすることもできる。

- 宅地の所有者、**管理者、占有者**等は、宅地造成等（**区域の指定前に行われたものを含む**）に伴う災害が生じないよう、その土地を、常時安全な状態に維持するよう**努めなければならない**。

- 知事は、一定の場合、その土地の所有者、**管理者・占有者・工事主・工事施行者**に対し、擁壁等の設置または改造その他宅地造成に伴う災害の防止のため必要な措置をとることを勧告できる。

- 知事は、災害の防止のため必要な擁壁等が設置等がされず、放置するときは、宅地造成等に伴う**災害の発生のおそれが大きい**と認められるものがある場合、土地・擁壁等の所有者・管理者・占有者に対して、相当の猶予期限を付けて、擁壁等の設置・改造、地形・盛土の改良、土石の除却のための工事を行うことを命じる**ことができる**（不完全な工事等の**原因となった行為をした者**に対し命じることも、可能）。

7　特定盛土等規制区域の指定　OK

都道府県知事は、**宅地造成等工事規制区域以外**の土地の区域で、**特定盛土等**または**土石の堆積**が行われた場合には、これに伴う災害により市街地等区域その他の区域の居住者等の**生命・身体に危害を生ずるおそれが特に大きい**と認められる区域を、「**特定盛土等規制区域**」として指定できる。 ⚠法改正

8　特定盛土等規制区域内の届出・許可　OK

① 　**特定盛土等規制区域内**において行われる**特定盛土等・土石の堆積**に関する工事については、**工事主**は、原則として、**工事に着手する日**の 30 日前までに、当該工事の計画を知事に「**届出**」をしなければならない。 ⚠法改正

この届出の対象となる「特定盛土等」「土石の堆積」の規模は、宅地造成等工事規制区域の許可の場合と同じである。

② 　**特定盛土等規制区域内**において行われる**特定盛土等・土石の堆積**で、大規模な崖崩れ・土砂の流出を生じさせるおそれが大きい一定の大規模のもの（次の**ア・イ**）に関する工事については、**工事主**は、原則として、工事に着手する前に、知事の「**許可**」を受けなければならない。

ア） この許可の対象となる「**特定盛土等**」は、次のいずれかに
あたるものをいう。

- **盛土**で高さが**2ｍを超える崖**が生じるもの
- **切土**で高さが**5ｍを超える崖**が生じるもの
- **盛土と切土をあわせて**で高さが**5ｍを超える崖**が生じるもの
- **盛土**で高さが**5ｍを超える**もの
- **盛土・切土**をする土地の**面積**が3,000㎡を超えるもの

イ） この許可の対象となる「**土石の堆積**」は、次のいずれかに
あたるものをいう。

- 高さが**5ｍを超え**、かつ**面積**が1,500㎡を超えるもの（最大時）
- **面積**が3,000㎡を超えるもの（最大時、高さを問わない）

以下、規制区域内での主な規制は、次のとおりである。

区域	工事の種類		必要な許可・届出
宅地造成等工事規制区域内	宅地造成等工事 （＝宅地造成・特定盛土等・土石の堆積に関する工事）		知事の許可
特定盛土等規制区域内	特定盛土等・土石の堆積に関する工事	原則	知事への届出
		例外	知事の許可（一定の大規模なもののみ）

③ **特定盛土等規制区域内の許可の手続き、一定の行為の届出、
監督処分**などについては、**実質的にはほぼ同じ**である（用語等
は異なる）。

9 造成宅地防災区域

　都道府県知事は、**宅地造成等規制区域以外**の区域で、宅地造成
に伴う災害で相当数の居住者その他の者に危害を生ずるものの発
生のおそれが大きい一団の造成宅地の区域について、**造成宅地防**

災区域を指定する。

	宅地造成工事規制区域	造成宅地防災区域
概　要	新たに宅地造成をする区域	既に宅地造成が行われた区域
指定権者	都道府県知事 （この2つの区域が重ねて指定されることはない）	
規制内容	許可制・届出制・保全義務等	保全義務等

[許可・届出が必要な規模のまとめ]

下記①～⑦のいずれか1つにあたれば、許可・届出が必要となる。

	宅地造成等工事 規制区域内		特定盛土等 規制区域内
	許可	届出	許可
宅地造成			（規制なし）
特定盛土等	❶盛土で高さ1m超の崖を生じるもの ❷切土で高さ2m超の崖を生じるもの ❸同時に行う盛土と切土により、高さ2m超の崖を生じるもの ❹盛土で高さ2m超のもの ❺盛土または切土をする土地の面積が500㎡超のもの		❶盛土で高さ2m超の崖を生じるもの ❷切土で高さ5m超の崖を生じるもの ❸同時に行う盛土と切土により、高さ5m超の崖を生じるもの ❹盛土で高さ5m超のもの ❺盛土または切土をする土地の面積が3,000㎡超のもの
土石の堆積	❻高さが2m超、かつ面積が300㎡超のもの（最大時） ❼面積が500㎡超のもの（最大時）		❻高さが5m超、かつ面積が1,500㎡超のもの（最大時） ❼面積が3,000㎡超のもの（最大時）

この章で　覚えよう!!　ゼッタイ

6 土地区画整理法

>
>
> 難解で得点しにくい科目ですが、重要ポイントに絞り
> こんで学習し、ライバルに差をつけましょう。

チャレンジ!! 『テーマ別厳選過去問』3 法令上の制限 ▶ 問題41～46

1 土地区画整理事業とは

10年間に 2回出た!

　土地区画整理事業は、都市計画区域内で土地の区画形質の変更や公共施設の新設等を行うものである。なお、減歩と換地の手法によるため、**土地収用法による収用は行わない**。

2 組合の設立

10年間に 3回出た!

　土地区画整理事業の**施行者**は、個人から国土交通大臣といった公的機関までさまざまだが、**土地区画整理組合がとりわけ重要**である。

　組合は、7人以上共同して、**定款及び事業計画**を策定し、知事の認可を受けて成立し、**法人**となる。

- 定款等の作成時には、区域内の土地所有者等の2／3以上の同意を得る必要がある。
- 組合が施行する区域内の土地所有者等は、すべて組合員となる（強制加入）。
- 組合員から土地所有権等を承継した者は、組合員としての権利義務も承継する。
- 組合は、事業経費のため、**賦課金**として参加組合員以外の組合員に対して金銭を賦課徴収できる。
- 組合員は、賦課金の納付について、相殺をもって組合に対抗することができない。

180

3 換地計画

組合は、施行地区内の**宅地**について**換地処分**を行うため、換地や保留地等について**換地計画**を定め、**都道府県知事の認可**を受けなければならない。ここでのポイントは、次の３点である。

換 地	換地と従前の宅地の位置・地積等が照応するように定める（換地照応の原則）。
保留地	事業の費用に充てるため、または定款等で定める目的のため、保留地を定めることができる。
清算金	換地により不均衡が生じる場合は、清算金を定める。

4 建築制限

組合設立の認可の公告の日から、換地処分の公告の日まで、施行地区内で建築物・工作物の建築、土地の形質の変更、重量物件の設置等をする者は、**都道府県知事等の許可**を受けなければならない。

建築行為等に許可をするのは、組合などの施行者ではなく、「知事等」である。

5 仮換地

仮換地とは、工事完了前に仮に与えられる土地である。仮換地の指定がされると、従前の宅地の所有者と仮換地の所有者に、次の効果が発生する。

6

土地区画整理法

従前の宅地の所有者	従前の宅地について、権原に基づき使用収益することができる者は、仮換地の指定の効力発生の日から換地処分の公告がある日まで、仮換地を使用収益することができるが、従前の宅地を使用収益することはできない。
仮換地の所有者	仮換地について、権原に基づき使用収益することができる者は、仮換地の指定の効力発生日から換地処分の公告がある日まで、当該仮換地を使用収益することができない。

 仮換地に使用収益の障害となる物件があるとき等は、仮換地の使用収益開始日を、仮換地の効力発生日とは別に定めることができる。

6 換地処分 OK

 10年間に 7回出た!

　土地区画整理事業の工事完了の届出を組合から受けた知事は、**換地処分の公告**をし、これによって次のような**効果**が生じる。

換地処分の公告の日が終了した時に生じる効果	換地処分の公告の日の翌日から生じる効果
● 換地を定めなかった従前の宅地の権利は消滅する。 ● 事業により行使する利益がなくなった地役権は消滅する。 ● 行使する利益のある地役権は、従前の宅地に存続する。	● 換地は従前の宅地とみなされる。 ● 清算金が確定する。 ● 保留地の所有権が施行者に帰属する。 ● 公共施設は原則として市町村の管理に属する。 ● 公共施設の敷地の所有権は、それを管理すべき者に帰属する。

 この章で 覚えよう!!ゼッタイ

- 組合は、7人以上共同して知事の認可を受けて成立する。
- 施行地区内で建築行為等をする者は、知事等の許可が必要。
- 従前の宅地の所有者は、仮換地の指定があると、仮換地を使用収益でき、従前の宅地を使用収益できない。

7 農 地 法

ここが
ポイント
農地法は、簡単なようでミスしやすいテーマです。
3条・4条・5条の各適用場面の把握が大切です。

 チャレンジ!! 『テーマ別厳選過去問』3 法令上の制限 ● 問題 47 ～ 52

　農地法は、農地を農地以外のものにすることを規制するとともに、農地を効率的に利用しようとする耕作者が行う農地の権利の取得を促進することにより、耕作者の地位の安定と国内の農業生産の増大を図り、食料の安定供給の確保に資することを目的とする法律である。

1 用語の定義

OK

まず、規制の対象となる**農地・採草放牧地の定義**を把握しよう。

10年間に
4回出た!

農　　　地	**耕作の目的**に供される土地をいい、登記簿上の地目のいかんにかかわらず、**現況を客観的に判断**する。
採草放牧地	主として耕作または養畜の事業のための採草または家畜の放牧の目的に供される土地

危険!
落とし穴
現在は休耕地となっていても農地だが、家庭菜園は農地ではない。

10年間に **12**回出た!

　農地を農地として**権利移動**する場合等には、**3条許可**が必要である。

3条許可が必要な行為	農地を農地として、または、採草放牧地を採草放牧地または農地とするため、売買・贈与をし、または賃借権等を設定する行為
許可権者	農業委員会
「許可不要」の例外	●国または都道府県が権利を取得する場合 ●調停・収用
相続等の届出	●**相続・遺産分割・相続人に対する特定遺贈等**で権利を取得しても許可申請は不要だが、**農業委員会**に届出をしなければならない。 ●相続人**以外**の者に対する特定遺贈は、許可が必要。
許可手続	契約の両当事者が、契約締結前に許可を受ける。
無許可の場合	●契約は効力を生じない ●3年以下の懲役または300万円以下の罰金

- 抵当権の設定は許可不要であるが、抵当権の実行による競売の場合は、許可が必要となる。
- 農地所有適格法人以外の法人は、農地等の所有権を取得する許可は、原則不可。しかし、一定の法人の本来的な目的のためであれば、例外として可。
- 賃借権の設定については、農地所有適格法人以外であっても、一定の場合に、許可を受けることが可。

3　4条許可

10年間に **8**回出た!

　農地を農地以外の土地に**転用**する場合には、**4条許可**が必要である。

4条許可が必要な行為	●農地を宅地等、農地以外の土地に転用する場合 ●採草放牧地の転用は許可不要
許可権者	都道府県知事等（農林水産大臣が指定する市町村の長）

許可不要の 例　　外	●国または都道府県等が道路等の一定の施設に供する場合 ●２アール未満の農地を農業用施設に転用する場合 ●収用
市街化区域 内 の 特 則	市街化区域内の農地を転用する場合は、あらかじめ農業委員会に届け出れば、許可は不要。
許 可 手 続	所有者が単独で、転用前に許可を受ける。
無 許 可 の 場　　合	●行為の停止、原状回復命令 ●3年以下の懲役または300万円以下の罰金 ●法人の場合は1億円以下の罰金

 後日農地に復元する予定のもとで、一時的に資材置き場とするため転用する場合でも、許可が必要である。

4 5条許可

 OK

　農地を転用目的で権利移動する場合に必要なのが、5条許可である。農地法では最も出題頻度が高く、下記のポイントに要注意。

 10年間に 7回出た！

5条許可が 必要な行為	農地や採草放牧地を宅地等へと転用するため、売買・贈与をし、または賃借権等を設定する行為
許 可 権 者	都道府県知事等（農林水産大臣が指定する市町村の長）
許可不要の 例　　外	●国または都道府県等が道路等の一定の施設に供する場合 ●収用
市街化区域 内 の 特 則	市街化区域内の農地の場合は、あらかじめ農業委員会に届け出れば、許可は不要。
許可手続き	契約の両当事者が、その契約の締結前に許可を受けなければならない。
無 許 可 の 場　　合	●契約は効力を生じない、行為の停止、原状回復命令 ●3年以下の懲役または300万円以下の罰金 ●法人の場合は1億円以下の罰金

5 農地・採草放牧地の賃貸借

対抗力	農地または採草放牧地の引渡しがあれば、第三者に対抗することができる
解約等の制限	**都道府県知事等の許可**を受けなければ、賃貸借の**解除・解約の申入れ・合意解除・更新しない旨の通知**ができない

- 農地か否かは、現況から客観的に判断される。
- 3条は農業委員会、4条と5条は知事等が、許可権者。
- 3条は相続等の場合に農業委員会に届出が必要。4条と5条は市街化区域の場合、あらかじめ農業委員会へ届出をすれば、許可が不要となる。
- 3条と5条違反の契約は効力を生じない。4条と5条違反は行為の停止と原状回復命令。

8 国土利用計画法

> **ここがポイント** 事後届出の要否と手続は、**失点が許されない**と認識して、丁寧に、何度も学習しましょう。

> **チャレンジ!!** 『テーマ別厳選過去問』3 法令上の制限 ▶ 問題 53 ～ 60

　　国土利用計画法は、土地取引の規制に関する措置等を講ずることにより、総合的かつ計画的な国土の利用を図ることを目的とする法律である。

1 事後届出の要否

　土地の有効活用のため、**土地売買等の契約**によって**一定規模**の土地を取得した者は、**契約後2週間以内**に、都道府県知事に届出をしなければならない。

(1) 届出が必要な土地の面積

市街化区域	2,000 ㎡以上
市街化調整区域・非区分区域	5,000 ㎡以上
都市計画区域外 （準都市計画区域を含む）	10,000 ㎡以上

　なお、個々の取引は届出対象面積未満でも、届出対象となる面積以上の「**一団**」の土地を取得した場合は、それぞれの契約ごとに届出が必要となる。

(2) 届出が必要な行為とは

　有償で、土地の**所有権または借地権**を取得した場合に、届出が必要となる。届出が不要な行為とともに整理しておこう。

届出が必要な行為等	●売買、交換、売買の**予約** ●**権利金の授受がある地上権、賃借権の設定・移転**
届出が不要な行為等	●贈与、**抵当権の設定** ●相続、遺贈、遺産分割、合併、調停
「届出が不要な行為等」の例外	●当事者の一方が**国や地方公共団体**の場合 ●農地法３条の許可を得た場合

2 事後届出の手続

10年間に**10**回出た!

事後届出の手続でのポイントを、時系列で整理しよう。

届出義務者	**権利取得者**（買主、賃借人等）が、**単独で知事**に届出をする。

届出期間	契約締結後、**２週間**以内に届出をする。

届出事項	**対価の額**と**土地の利用目的**等を届け出る。

勧　告	知事は**土地の利用目的**が不適切な場合、**３週間**以内に変更すべき旨の**勧告**をする。 ● **対価の額**は勧告できない。

あっせん	●勧告に従った場合、知事は土地処分のあっせん等に努める。
公　表	●勧告に従わなかった場合、知事はその旨を**公表**できる。

勧告に従わなくても罰則はないが、そもそも届出義務に違反して届出をしなかった場合は、6か月以下の懲役または100万円以下の罰金に処せられる。
しかし、いずれも、契約自体は有効である。

3 事前届出・許可制

地価の抑制のため、注視区域または監視区域内で一定の規模の土地売買等の契約をする当事者双方は、**契約を締結する前に、都道府県知事に届出をしなければならない。**

そして、規制区域では、さらに厳しい許可制がとられる。

出題可能性は低いので、次のポイントのみを確認しておこう。

	注視区域	監視区域	規制区域
規 制 方 法	契約前の届出		契約前の許可
義 務 者	当事者双方		
規 制 面 積	事後届出と同じ	左記の面積を都道府県の規則で引き下げる	面積の大小を問わない
違 反 時	原則として、事後届出と同じ		契約は無効

覚ゼッタイえよう!!

- 事後届出が必要な面積は、市街化区域 2,000 ㎡以上、調整・非区分 5,000 ㎡以上、都市計画区域外（準都市計画区域を含む）10,000 ㎡以上で、権利取得者で判断する。
- 交換や売買予約、権利金のある賃借権設定等も届出が必要。
- 贈与、抵当権設定、相続、国・地方公共団体との契約は届出不要。
- 届出は契約締結後 2 週間以内に、買主等が単独でする。
- 対価の額と利用目的等が届出事項、うち、利用目的のみが勧告の対象。
- 勧告を無視しても、契約自体は有効で罰則もないが、公表されることがある。
- 届出義務違反は、罰則あり。

9 その他の諸法令

 **近年は出題が少ないですが、無視は危険です。
許可権者の例外だけを短時間で覚えましょう。**

 チャレンジ!! 『テーマ別厳選過去問』3 法令上の制限 ▶ 問題 60・61

今までみてきた"メジャー"な法律のほかにも、法令上の制限に係る多くの「**諸法令**」がある。必要なポイントのみに絞って確認しよう。

1 許可権者の原則 OK☐

都市計画法の開発許可や宅地造成工事規制区域内の許可等、法令上の許可権者は、「原則として**都道府県知事**」と考えてよい。

2 例外規定 OK☐

10年間に **3**回出た!

(1)「許可権者」の例外

法 令 名	規 制 内 容	許可権者
自然公園法	国立公園の特別地域内の建築行為等	環境大臣
文化財保護法	重要文化財等の現状を変更する行為	文化庁長官
道 路 法	道路予定地内の建築行為等	道路管理者
河 川 法	河川区域内の工作物の建設等	河川管理者
海 岸 法	海岸保全区域内の工作物の建設等	海岸管理者
港 湾 法	港湾区域内の土砂の採取等	港湾管理者
生産緑地法	生産緑地地区内の建築行為等	市町村長

(2)「届出」が必要となる例外

法　令　名	規　制　内　容	届　出　先
自 然 公 園 法	国定公園の**普通地域内**の建築行為等	都道府県知事
都 市 緑 地 法	緑地保全地域内の建築行為等	都道府県知事等＊
土壌汚染対策法	形質変更時要届出区域内の土地の形質の変更等	都道府県知事
公 有 地 拡 大 推 　 進 　 法	都市計画区域内の一定の土地を**有償**で譲渡する場合等	都道府県知事等＊
都 市 計 画 法	**地区計画**の区域内での建築行為等	市 　 町 　 村 　 長

＊：市の区域内では市長に届出

　以上、「**許可権者の例外**」と「**届出**が必要となる例外」をマスターしたら、改めて、**原則**は「**都道府県知事の許可**」である、という点を再確認し、次には実際の過去問・予想問題等にチャレンジしておこう。

第4編

税・価格の評定

「税」は、「基本事項」と「特例」だけは、もれなく把握しておきましょう。そして、「地価公示法」と「不動産鑑定評価」は、ここにある論点に絞ってしまって大丈夫です。つまり、割り切った学習が、勝利の秘訣です。

1 不動産取得税・固定資産税

重要度 ★★★ **A**

> **税の概要とその特例が重要箇所。混乱しないように、比較しながら頭を整理しましょう。**
>
> ここが
> ポイント

チャレンジ!! 『テーマ別厳選過去問』 4 税・価格の評定 ▶ 問題 1 ～ 7

---

1 不動産取得税と固定資産税の概要

OK □

不動産取得税は、不動産（土地・建物）を取得したときに、一度だけ課される税である。これに対して**固定資産税**は、不動産を保有している間、毎年課される税である。

まず、この2種類の税の概要を把握しよう。

	不動産取得税	固定資産税
納税先	不動産の所在地の都道府県	不動産の所在地の市町村
納税義務者	不動産を**現実に取得した者**で、登記の有無を問わない。 ▶ 相続・合併の場合は**非課税** ▶ 贈与・改築でも**課税**される。	1月1日現在の 不動産の登記名義人
課税標準	固定資産課税台帳価格	
免税点	●土地：10万円 ●家屋建築：23万円 ●その他家屋：12万円	●土地：30万円 ●家屋：20万円 ●償却資産：150万円
税率	4% （土地と住宅は3%）	1.4%
徴収方法	送付された納税通知書に基づく納税（普通徴収）	

10年間に
12回出た!

1

不動産取得税・固定資産税

195

固定資産税の納税義務者の例外等に注意しよう。

- 1月1日に登記名義人が死亡している場合、現に所有する者
- 質権または100年より永い地上権がある土地は、質権者または地上権者
- 年の途中で所有者が変更しても、納税義務者は変更しない。

2 不動産取得税と固定資産税の住宅の特例 OK □

10年間に 2回出た!

住宅（建物）の特例について、次の両者を比較しておこう。

住宅の特例	不動産取得税	新築住宅は課税標準から1,200万円が、既存住宅は一定額が控除される。 ▶ 床面積50～240㎡が要件
	固定資産税	新築住宅は、床面積120㎡を限度に3年間（中高層耐火建築物は5年）、税額が1／2となる。 ▶ 床面積50～280㎡が要件

不動産取得税は課税標準の特例であるのに対し、固定資産税は税額の特例である点に注意。

3 不動産取得税と固定資産税の宅地の特例 OK □

10年間に 4回出た!

宅地（土地）の特例について、次の両者を比較しておこう。

宅地の特例	不動産取得税	課税標準が1／2になる。
	固定資産税	● 200㎡までの部分……1／6 ● 200㎡を超える部分…1／3 に、課税標準が軽減される。

いずれも課税標準の特例であるが、このほかに不動産取得税については、一定の税額控除の特例もある。

固定資産課税台帳価格のポイントを押さえておこう。

固定資産課税台帳価格	●3年間は据置き。ただし、地目の変更等があれば、見直しされる。 ●4月1日から一定の期日まで、納税者は縦覧帳簿を縦覧できる。 ●価格は、**総務大臣**が定めた固定資産評価基準に基づき決定される。 ●価格に不服があれば、固定資産評価審査委員会に不服申立てをすることができる。

1

不動産取得税・固定資産税

● 不動産取得税は、登記がなくても課税される。

● 固定資産税は、1月1日の登記名義人が納税義務者。

● 不動産取得税の免税点は、土地10万円、家屋建築23万円、その他家屋12万円。

● 固定資産税の免税点は、土地30万円、家屋20万円。

● 土地と住宅の不動産取得税の税率は3%、他の家屋は4%。

● 不動産取得税の新築住宅の特例は、課税標準からの1,200万円控除である。

● 固定資産税の新築住宅の特例は、1/2の税額控除である。

● 不動産取得税の宅地の特例は、課税標準が1/2となる。

● 固定資産税の宅地の特例は、課税標準が200 m²までは1/6、200 m²超の部分は1/3となる。

☆☆★ A

2 印紙税・登録免許税・贈与税

全部"パーフェクト"を目指すのは大変。自分が理解しやすい税から学習してみましょう。

▶チャレンジ!! 『テーマ別厳選過去問』4 税・価格の評定 ▶ 問題 8 ～ 13

1 印紙税

10年間に **4**回出た!

契約書に印紙を貼り、消印をするのが**印紙税**の典型である。

印紙税が課税される「**課税文書**」とは何か、そして税額を算定する基準となる「**記載金額**」とは何かが、ポイントになる。

納 税 義務者	●課税文書の作成者。共同作成の場合は連帯納付義務を負う。 ●国と民間が契約書を取り交わした場合、国が保存する契約書は**課税**、民間が保存する契約書は**非課税**となる。	
課 税 文 書	不動産の売買契約書、建築請負契約書 受取書（領収証）＊　　　　等	
非課税 文 書	建物賃貸借契約書、抵当権設定契約書、**営業に関しない受取書**等	
記 載 金 額	**課 税 文 書**	**記 載 金 額**
	土地賃貸借契約書	権利金等の額
	増額契約書	増額分
	贈与契約書・減額契約書等 記載金額がないもの	なし（200円を課税）
	交換契約書	額が大きい方の金額

＊：記載金額5万円未満は非課税

 1つの契約書で売買契約と請負契約が締結されている場合、記載金額が大きい方の課税文書として、課税される。

198

2　登録免許税

登記等をする際に納付する国税が、**登録免許税**である。

10年間に
4回出た!

納税義務者	登記等を受ける者。共同申請の場合は連帯納付義務を負う。
納 付 方 法	●原則、**現金納付**（クレジットカード等も可）。 ●3万円以下は収入印紙でも可。
課 税 標 準	固定資産税評価額
家屋の所有権の移転登記の軽減税率の特例	〔適用要件〕 ●個人の自己の住宅用家屋に関する登記であること ●住宅用家屋の床面積が **50 ㎡以上**であること ●新築または取得後**1年以内**に登記を受けること ●**一定の耐震基準**に適合していること 　▷ S57年1月1日以降に建築された家屋は、適合しているとみなされる。

この特例は、売買または競売によって取得した場合に限る。贈与や交換などによる場合は適用できない。

3　贈与税

［住宅取得等資金の贈与を受けた場合の非課税の特例］

10年間に
1回出た!

　この**特例**は、例えば、親から子（孫）に、住宅取得等のための資金の贈与が行われた場合、一定の要件を満たすときは、所定の限度額まで贈与税が非課税となるというものである。

要　件	●父母・祖父母など直系尊属からの**住宅取得等のための金銭**の贈与を受けたこと ●子等は **18 歳以上**であること（親等は**年齢制限なし**） ●合計所得金額が **2,000万円以下**（床面積が 40 ㎡以上50 ㎡未満の場合は 1,000万円以下）であること ●贈与を受けた年の翌年の3月15日までに住宅を取得し、居住の用に供しまたは供することが確実であること ●取得する住宅は、床面積 40 ㎡以上 240 ㎡以下であること

印紙税・登録免許税・贈与税

199

この章で ゼッタイ 覚えよう!!

- 国と民間の契約の場合、民間の保存する契約書は印紙税が非課税。
- 建物賃貸借契約書・営業に関しない受取書は印紙税が非課税。
- 土地賃貸借契約書の記載金額は、権利金等の額。
- 増額契約書は増額分が記載金額であり、減額契約書には200円の印紙税が課される。
- 登録免許税の所有権の移転登記の軽減税率
  - 個人の自己の住宅用家屋
  - 床面積50㎡以上
  - 1年以内に登記を受けること
- 贈与税の非課税の特例を受けるには、親等から18歳以上の子等に対する、住宅取得のための金銭の贈与であることが要件となる。

3 不動産の譲渡所得等

 ここが ポイント 過去に最も出題実績のある**居住用財産**に関する**特例**を中心に、きちんと整理しましょう。

 チャレンジ!! 『テーマ別厳選過去問』4 税・価格の評定 ▶ 問題 14・15

1 譲渡所得の概要

OK ☐

不動産の**売却益**にかかる税を**譲渡所得税**という。この税の概要を、確認しておこう。

10年間に 1回出た!

3 不動産の譲渡所得等

納税先	国
納 税 義務者	不動産を譲渡して利益（所得）を得た個人
税額の 算 定	{総収入金額－（**取得費**＋譲渡費用）－**特別控除**}×税率 ▶ 取得費＝「購入時の金額＋取得費用＋設備費＋改良費」 ▶ 取得費が不明の場合、総収入金額の 5%にできる。
税 率	●所有期間 5 年超（長期譲渡所得）▶ 15% 　● 優良住宅地造成等の譲渡 　　　　　　　　　　　▶ 2,000 万円以下…10% 　● 10 年超の**居住用財産** ▶ 6,000 万円以下…10% ●所有期間 5 年以下（短期譲渡所得）▶ 30%
徴 収 方 法	申告納付

 危険! 落とし穴 所有期間については、譲渡した日が属する年の 1 月 1 日現在で、5 年または 10 年を超えているか否かで判断する。

10年間に 1回出た!

総収入金額から控除できる**特別控除**では、次のものが重要。

収用等の場合の5,000万円控除	公共事業等のために売却した場合
居住用財産の3,000万円控除	マイホームを売却した場合

3,000万円控除の要件	● 親族等、特別の関係にある者に対する譲渡でないこと
	● 適用年、前年、前々年に、この特例または買換え特例、住宅ローン控除の適用を受けていないこと
	● 居住しなくなってから3年を経過する日の属する年の12月31日までに譲渡すること

危険! 落とし穴
- 所有期間に関係なく適用を受けることができる。
- 「10年超の居住用財産の軽減税率」と併用できる。
- 優良住宅地造成等の軽減税率とは併用できない。

10年間に
1 回出た!

買換え特例とは、現在のマイホームを売却し、新たなマイホームを購入した場合、「売却益」に対する課税を繰り延べることができる特例である。その要件は、次のとおりである。

譲渡資産の要件	● 譲渡した年の1月1日に所有期間が10年超であること ● 居住期間が10年以上であること ● 譲渡金額が1億円以下であること ● 親族等、**特別の関係にある者**に対する譲渡でないこと ● 居住しなくなってから**3年**を経過する日の属する年の12月31日までに譲渡すること
買換資産の要件	● 譲渡の**前年**1月1日から譲渡の**翌年**12月31日までに取得すること ● 家屋が50㎡以上、土地が500㎡以下であること

買換え特例は、特別控除や軽減税率とは併用できない。

- 所有期間5年超の長期税率は、原則15%。
- 10年超の居住用財産については、特例として6,000万円以下の部分は10%。
- 3,000万円特別控除は、適用年、前年、前々年にこの特例、または買換え特例・住宅ローン控除の適用を受けていると、適用できない。
- 現に居住していなくても、居住しなくなってから3年を経過する日の属する年の12月31日までに譲渡すれば、3,000万円特別控除を受けることができる。
- 3,000万円特別控除は、所有期間に関係なく適用される。
- 3,000万円特別控除は、居住用財産の軽減税率と併用できる。
- 買換え特例の適用を受ける譲渡資産の譲渡価格は、1億円以下。

3

不動産の譲渡所得等

4 地価公示法・不動産の鑑定評価

ここがポイント 地価公示は手続の流れと公示価格の効力、鑑定評価は3種の鑑定方法がポイントです。

チャレンジ!! 『テーマ別厳選過去問』4 税・価格の評定 ▶ 問題 16 〜 20

1 地価公示法 OK☐

10年間に 7回出た! ▶ 地価公示は、都市計画区域の内外で定められた**公示区域内で実施**される。

標準地の選定	土地鑑定委員会が、公示区域内から標準地を選定する。 ▶ 都市計画区域外でも指定可。

↓

鑑 定	2人以上の不動産鑑定士が、1月1日を価格時点として鑑定し、鑑定評価書を提出する。

↓

審査・判定	土地鑑定委員会は、提出を受けた鑑定評価書を審査し、必要な調整をして「**正常な価格**」を判定する。

「正常な価格」とは、自由な取引で通常成立する**更地価格**のことで、建物や借地権等は**ないもの**として判定される。

↓

公 示	土地鑑定委員会は官報に公示し、かつ速やかに関係**市町村長**に送付し、その**市町村**の事務所で一般の閲覧に供される。

↓

標準地の価格のほか、周辺の土地利用の現況等も公示される。

効　力	● 土地取引を行う者は、公示価格を「**指標**」として取引をするよう**努めなければならない**。
	● 公示価格を「**規準**」としなければならない場合
	▶ 不動産鑑定士が、公示区域内の正常な価格を求める場合
	▶ 土地収用の事業者が、公示区域内の取得価格を求める場合
	▶ 収用の際の補償金の算定をする場合

2 不動産の鑑定評価基準

　不動産鑑定士は、**不動産鑑定評価基準**に基づき、不動産の価格を求める。

求める価格	正常価格	合理的市場で形成される市場価値を表示する適正な価格
	限定価格	不動産の併合または分割等で、市場が相対的に限定される場合の市場価値を表示する適正な価格 例：❶借地権者が底地を併合する場合 　　❷隣接不動産を併合する場合
	特定価格	正常価格の諸条件を満たさないことにより市場価値と乖離することとなる場合の経済価値を適正に表示する価格 例：❶投資家に示すための投資採算価値を表す価格を求める場合 　　❷民事再生法の鑑定評価目的で、早期売却を前提とする場合 　　❸会社更生法等で事業継続を前提とする場合
	特殊価格	文化財等の一般的に**市場性を有しない**不動産の利用現況等を前提とした経済価値を適正に表示する価格 例：文化財の保存等

求める手法	原　価　法	対象不動産の**再調達原価**を求め、減価修正を行い、積算価格を求める方法 ◗ 土地でも再調達原価を求められる場合は適用できる。
	取引事例 比　較　法	多数の取引事例について、**事情補正・時点修正**をし、かつ地域要因・個別的要因の比較を行い、**比準価格**を求める方法 ◗ 取引事例は、近隣地域または**同一需給圏**の類似地域から選択するが、やむを得ないときは、近隣地域の周辺地域から選択する。
	収　　益 還　元　法	対象不動産が将来生み出す**純収益**の現在価値の総和を求め、**収益価格**を求める方法 直接還元法とDCF法の2種がある。 ◗ **自用の不動産**でも賃貸を想定して適用できる。

- 標準地は、都市計画区域の内外の公示区域から、土地鑑定委員会が選定する。
- 正常な価格とは、土地に建物や借地権があっても、これらがない更地としての価格である。
- 公示価格は、関係市町村の事務所で一般の閲覧に供される。
- 土地取引を行う者は、公示価格を指標として取引をするよう努めなければならない。
- 原価法は、土地であっても適用できる場合がある。
- 取引事例は、原則として近隣地域または同一需給圏の類似地域から選定する。
- 自用の不動産でも、賃貸を想定することにより、収益還元法を用いることが可能である。

第5編

５問免除科目

問題によって難易度の差が出やすい「５問免除科目」は、他の分野をしっかり学習している受験生でも対応が後回しになりがちなところです。『超整理』では、絶対必須の論点をコンパクトにカバーしていますので、全部丸暗記するつもりで、しっかり読み込みましょう！

1 住宅金融支援機構

ここがポイント 機構と民間金融機関の**役割分担**をしっかり理解することが、マスターする近道です。

チャレンジ!! 『テーマ別厳選過去問』5 5問免除科目 ▶ 問題1〜6

1 機構の業務 □OK

住宅金融支援機構は、次のような業務を行っている。

10年間に 12回出た!

証券化支援業務 （買取型・保証型）	機構の主たる業務。民間の金融機関が行う住宅ローンの貸付債権を買い取り、あるいは、保険を付して、**証券化**して市場から資金調達をする。これによって、民間では困難な長期固定金利の実現に、側面的な支援を行っている。 対象となる債権は、 ❶自ら居住、親族が居住する住宅に**限る**。 ❷**新築**だけでなく、**既存**の住宅も含む。 ❸土地を単独で取得する場合は**含まない**が、住宅の建設・購入に付随するものは含む。
住情報提供業務	住宅ローンや住宅関連情報の提供
住宅融資保険業務	民間金融機関の住宅ローンについて、機構が**保険**をする業務
団体信用生命保険	住宅ローンの債務者が死亡等した場合に、その死亡等保険金を債務の弁済に充当する業務
直接融資業務	●災害復興建築物の建設・購入・補修等に必要な資金の貸付け ●合理的土地利用建築物の建設・購入等、**マンションの共用部分の改良**に必要な資金の貸付け ●子供の育成または高齢者の家庭環境に適した良好な**賃貸住宅**の建設資金等の貸付け ●高齢者の家庭に適した居住性能等を有する住宅の**改良資金**等の貸付け（**死亡時一括償還制度**有り） ●財形住宅の貸付業務　等

1

住宅金融支援機構

証券化支援業務により、いわゆる「フラット35」等の商品名の住宅ローンが民間の金融機関で扱われているが、その金利は金融機関が独自に決定するため、金融機関によって金利は異なる。

2 業務委託

OK

10年間に 1回出た！

　機構は、各種の業務を**金融機関等に委託**することができる。委託の相手方・業務の種類によって、委託できる（〇）か否か（×）が違うので、それらを覚えよう。

業務の種類 ＼ 相手方	金融機関	債権回収会社	地方公共団体等	指定判定機関
貸付債権の回収	〇	〇	×	×
直接融資業務	〇	×	×	×
（団信）生命保険の弁済業務	〇	×	×	×
建築物の審査	×	×	〇	×
構造計算の審査	×	×	×	〇

貸付けの決定は委託できない。また、情報提供業務も委託できない。

この章で 覚えよう!! ゼッタイ

- 機構は、証券化支援業務により、民間金融機関の住宅ローンを支援している。
- 機構は、民間金融機関の住宅ローンについて、保険する業務を行うことができる。
- 機構は、高齢者の家庭に適した居住性能等を有する住宅の改良資金等の貸付けを、自ら行うことができる。
- 証券化支援業務に基づく住宅ローンの金利は、金融機関によって異なる。
- 機構は、貸付債権の回収や直接融資業務を、民間金融機関に委託することができるが、貸付けの決定は委託できない。

2 景品表示法(公正競争規約)

ここがポイント 公正競争規約の各規定について何度も繰り返して目を通しておくことが、何より重要です。

チャレンジ!! 『テーマ別厳選過去問』5 5問免除科目 ● 問題 7 ～ 11

1 公正競争規約

OK ☐

　以下は、公正競争規約のうち、試験で出題される可能性が高い特に重要なものである。ポイントを絞って覚えよう。

10年間に 12回出た!

市街化調整区域	「市街化調整区域。宅地の造成及び建物の建築はできません。」と明示する（新聞折込チラシ・パンフレット等では 16 ポイント以上の大きさの文字を用いる）。ただし、開発許可を受けている場合等を除く。
接道義務違反の土地	「再建築不可」または「建築不可」と明示する。
路地状部分のみで道路に接する土地	その路地状部分の面積が当該土地面積のおおむね 30%以上を占めるときは、路地状部分を含む旨及び路地状部分の割合または面積を明示する。
セットバック義務	その旨を表示し、セットバックを要する部分の面積がおおむね 10%以上である場合は、併せてその面積を明示する。
土地取引で古家がある場合	古家、廃屋等が存在するときは、その旨を明示する。
高圧電線路下	土地の全部または一部が高圧電線路下にあるときは、その旨及びそのおおむねの面積を表示する。この場合において、建物その他の工作物の建築が禁止されているときは、併せてその旨を明示する。
傾斜地	傾斜地を含む土地であって、傾斜地の割合が当該土地面積のおおむね 30%以上を占める場合（マンション及び別荘地等を除く）は、傾斜地を含む旨及び傾斜地の割合または面積を明示する。ただし、傾斜地の割合が 30%以上を占めるか否かにかかわらず、傾斜地を含むことにより、当該土地の有効な利用が著しく阻害される場合（マンションを除く）は、その旨及び傾斜地の割合または面積を明示する。

2
景品表示法（公正競争規約）

211

駅までの距離	公共交通機関を利用することが通例である場合には、最寄駅等の**名称**及び物件から最寄駅等までの**徒歩所要時間**を明示して表示する。
新設の駅等	**新設予定**の鉄道の駅等またはバスの停留所の名称は、当該路線の**運行主体**が公表したものに限り、その新設**予定時期**を明示して表示することができる。
電車・バス等の所要時間	●起点及び着点とする**駅等**またはバスの停留所の名称と特急・急行等の種別を明示する。また、乗換えを要するときは、**その旨**も明示する。 ●**朝の通勤ラッシュ時の所要時間**（乗換えにおおむね要する時間を含める）を明示する。この場合、平常時の所要時間を、その旨を明示して併記できる。
自動車の所要時間	道路距離を明示して、走行に通常要する時間を表示する。
団地と駅等との距離・時間	団地と駅その他の施設との間の道路距離・所要時間は、取引する区画のうちそれぞれの施設ごとに、その施設から最も**近い区画**（マンション・アパートでは、その施設から最も近い建物の出入口）を起点として算出した数値とともに、その施設から最も**遠い区画**（マンション・アパートでは、その施設から最も遠い建物の出入口）を起点として算出した数値も表示する。
徒歩の所要時間	道路距離 80m につき１分間を要するものとして算出した数値を表示する。この場合で、１分未満の端数が生じたときは、１分として算出する。
写真・動画	●写真または動画は、**原則**として、**取引するもの**を表示する。 ●ただし、**建築工事の完了前である等その建物の写真・動画を用いることができない事情**がある場合は、取引する建物を**施工する者が過去に施工した建物**であり、かつ、次のア・イに限り、他の建物の写真・動画を用いることができる。 　ア　建物の**外観**は、取引する建物と構造、階数、仕様が同一であって、**規模、形状、色等が類似する**もの。 　イ　建物の**内部**は、写される部分の**規模、仕様、形状等が同一**のもの。 そして、写真・動画が他の建物である旨と、アに該当する場合は取引する建物と異なる部位を、写真の場合は**写真に接する位置**に、動画の場合は**画像中**に明示する。
図　絵	コンピュータグラフィックス・見取図・完成図・完成予想図については、その旨を明示して用いる。当該物件の周囲の状況について表示するときは、**現況に反する表示**をしてはならない。

商業施設	デパート・スーパー・コンビニエンスストア・商店等の商業施設は、現に利用できるものを物件からの道路距離または徒歩所要時間を明示して表示する。ただし、工事中である等その施設が将来確実に利用できると認められる場合は、その整備予定時期を明示して表示することができる。
新　築	建築工事完了後 1 年未満であって、居住の用に供されたことがないものをいう。
公園等の名称	物件が公園・庭園・旧跡その他の施設または海（海岸）・湖沼・河川の岸・堤防から直線距離で 300m 以内に所在している場合は、これらの施設の名称を用いることができる。
不当な二重価格表示	二重価格を表示するときは、事実に相違する広告表示または実際のもの若しくは競争事業者に係るものよりも有利であると誤認されるおそれのある広告表示をしてはならない。
おとり広告	①存在しないため、実際には取引できない物件、②取引の対象となり得ない物件、③取引する意思のない物件に関する表示をしてはならない。

2 景品規約

景品については、次の制限を押さえておこう。

懸賞による場合	● 原則として、取引価額の 20 倍、または 10 万円のうち、少ない方 ● 懸賞総額は、取引予定総額の 2／100 以内
懸賞以外の場合	● 原則として、取引価額の 1／10 または 100 万円のうち、少ない方

　公正競争規約の規定は、ここに掲載したもの以外にも相当数あり、それらをすべてマスターしようとするのは合理的とはいえない。そもそも、「不当な表示を制限する」という常識的な制度趣旨に基づくものであるため、「不当」か「正当」かの常識的な判断で解ける問題も少なくない。

　したがって、本書に掲載した規定を一読したら、過去問に取り組むことによって、自分自身の常識力をより高めておいてほしい。

3 土地・建物

ここがポイント 土地は、過去問の頻出度が高いテーマです。
建物では、そこまで高くはありませんが、合否の決め
手となるのは、やはり**過去問学習**です。

チャレンジ!! 『テーマ別厳選過去問』5 5問免除科目 ▶ 問題 12 〜 18

1 土地

OK □

10年間に 12回出た! ▶

　土地に関する出題は、「宅地としての適性を問う」という一言に尽きる。どんな土地が宅地に適しているのか、または宅地としては危険性が高いか否か、という観点から、過去に出題された事項を何度か繰り返して目を通しておけば、試験対策は、ほぼOKと考えてよい。

　以下の記載は、すべて「**正しい内容**」となっているので、このまま覚えておこう。

- 造成して平坦にした宅地では、一般に**切土**部分に比べて**盛土**部分で地盤沈下量が大きくなる。

- 等高線の間隔の大きい河口付近では、河川の氾濫により河川より**離れた場所**でも浸水する可能性が高くなる。

- 地表面の傾斜は、等高線の密度で読み取ることができ、等高線の密度が高い所は傾斜が急である。

- 谷出口に広がる扇状地は、地盤が良く、水はけもよいため、古くから集落が発達していることが多いが、谷の出口では、集中豪雨時の**土石流災害**の危険性が高くなっている。

- **後背湿地**は、自然堤防や砂丘の背後に形成される軟弱な地盤であり、水田に利用されることが多く、宅地としての利用は少ない。

- **三角州**は、河川の河口付近に見られる軟弱な地盤であり、地震時の液状化現象の発生に注意が必要である。

- **自然堤防**とは、河川の上流から運搬されてきた砂などが河道の岸に沿って堆積して形成された微高地であり、主に砂や小礫で構成され、透水性が高いとされている。

- 建物の基礎の支持力は、粘土地盤よりも**砂礫地盤**の方が発揮されやすい。

- 地すべり地の多くは、**地すべり**地形と呼ばれる独特の地形を呈し、**棚田**などの水田として利用されることがある。

- 断層地形は、直線状の谷など、**地形の急変**する地点が連続して存在するといった特徴が見られることが多い。

- **土石流**は、急勾配の渓流に多量の不安定な砂礫の堆積がある所や、流域内で豪雨に伴う斜面崩壊の危険性の大きい場合に起こりやすい。

- 旧河道でそれを埋める堆積物の上部が厚い粘土質からなるときは、**軟弱**地盤である可能性が高い。

- 丘陵・段丘とは、地表面は比較的平坦であり、よく締まった砂礫・硬粘土からなり、地下水位は比較的**深い**地盤である。

- **液状化現象**は、比較的粒径のそろった**砂地盤**で、地下水位の**高い**、地表から浅い地域で発生しやすい。

- 丘陵地帯で地下水位が深く、固結した砂質土で形成された地盤の場合、地震時は液状化する可能性が低い。

- 臨海部の低地は、水利、海陸の交通に恵まれているが、住宅地として利用するためには十分な防災対策が必要である。

- 近年、洪水氾濫危険区域図、土砂災害危険区域図等、災害時に危険性があると予想される区域を表示した図書が一般に公表されており、これらは安全な宅地を選定するための資料として有益である。

2 建物

建物に関する問題は、木造・鉄骨造・鉄筋コンクリート造といった**構造別の特性**に関するものと、その**基本的な材質の特性**を問うものが多い。しかし、建築基準法施行令を根拠とした出題もあるなど、その範囲はかなり広い。したがって、試験対策は、土地と同様に、**過去の出題を繰り返し解くことが最適**といえる。

次の記載は、すべて「**正しい内容**」となっている。

- 木造建築物の基礎は、鉄筋コンクリート造の**布基礎**とすれば、耐震性を向上させることができる。

- 木造建築物の耐震性を向上させるには、軸組に**筋かい**を入れるほか、**合板**を打ち付ける方法がある。

- 木造建築物において、地震力の大きさは、見付面積の大きさより**屋根の重さ**に大きく影響を受ける。

- 筋かいには、欠込みをしてはならない。ただし、筋かいをたすき掛けにするためにやむを得ない場合において、必要な補強を行ったときは、この限りでない。

- 鉄骨造の特徴は、鉄筋コンクリート造に比べて自重が**軽く**、火に**弱い**ため、耐火被覆が必要となる。

- 鉄骨鉄筋コンクリート造は、鉄筋コンクリート造よりさらに優れた強度、じん性があり高層建築物に用いられる。

- 鉄筋コンクリート造に使用される骨材、水及び混和材料は、鉄筋を錆びさせ、またはコンクリートの凝結及び硬化を妨げるような酸、**塩**、有機物または**泥土**を含んではならない。

- コンクリートの**引張強度**は、一般に**圧縮強度**の１／10程度である。

- 常温常圧において、鉄筋と普通コンクリートを比較すると、温度上昇に伴う体積の膨張の程度（熱膨張率）は、**ほぼ等しい**。

- 木材の強度は、含水率が**小さい**状態の方が大きくなるため、建築物に使用する際には、その含水率を確認することが好ましい。

- 木材に一定の力をかけたときの圧縮に対する強度は、**繊維方向**に比べて**繊維に直角**方向のほうが小さい。

- **集成材**は、単板等を積層したもので、伸縮・変形・割れなどが生じにくくなるため、大規模な木造建築物の骨組みにも使用される。

- 免震建築物の**免震層**には、積層ゴムやオイルダンパー（油の粘性を利用して振動や衝撃を和らげる装置）が使用される。

　　土地・建物ともに、ここでは**過去の出題で典型的なもの**を掲載したが、試験直前には、必ず実際に、過去問・予想問題等を解いておいてほしい。

4 統 計 等

ここが
ポイント
**出題される統計の種類は、ほぼ固定されています。
細かい数値より傾向の把握が大切です。**

チャレンジ!! 『テーマ別厳選過去問』5 5問免除科目 ▶ 問題（なし）

　統計というと、細かい数値を問う出題をイメージしがちであるが、実際は、**細かい数値を覚えていなくても解ける出題**が圧倒的であり、しかも出題される種類は**ほぼ限られている**。しっかり準備をしておけば**手堅く1点取れる**項目なので、決して捨ててはならない。以下に、**直近10年間**（12回）の「統計」における出題項目の一覧と、それぞれの「学習のポイント」を示す。

10年間に
12回出た!

【統計・直近10年間（12回）の出題項目一覧】

○=出題あり
◎=正解肢としての出題あり

項目 ＼ 年度	H26	H27	H28	H29	H30	R元	R2 (10月)	R2 (12月)	R3 (10月)	R3 (10月)	R4 *1	R5
地価公示	○		◎	○	◎	◎	○		◎	◎	○	○
土地白書	○	○	○	○	○		○	○	○	○	○	○
建築着工統計	○	◎	◎	◎	○	○	◎	○	○	○	○	○
法人企業統計	◎	○		○	○	○	○	○	○	○		○
国土交通白書			○			○		◎			△ *2	
その他		○									○	

＊1：合格発表時に「正解肢のない」問題と公表された。
＊2：正解肢。国土交通省が公表している「宅地建物取引業法の施行状況調査」から出題された。

【お知らせ】　最新の統計に関しては弊社ホームページ内（https://www.kskpub.com ➡ **お知らせ（訂正・追録）**）で公表いたします（令和6年8月末日頃～予定）。

統計の種類	学習のポイント
地価公示 （国土交通省）	●例年３月中旬〜下旬に公表される。 ●出題の選択肢は、国土交通省発表の「**コメント**」から、ほぼ作成される。なかでも、地価公示の「**概括**」「**特徴**」といった大きな傾向に関する記述から出題されるので、「○.○％」といった細かな数字は、たとえ問題文に含まれていても、それを完全に暗記していなければ選択肢の正誤の判断ができない、ということは、ほぼないと言っていい。 ●出題ポイントは、**地価**は「**上昇**」しているのか「**下落**」しているのか、もし「**上昇（下落）**」しているのであれば、上昇（下落）率は「**拡大**」しているのか「**縮小**」しているのか、という**傾向**である。 ●「**住宅地**」と「**商業地**」、「**三大都市圏**」と「**地方圏**」は、よく**対比して出題**されるので、しっかりと確認しておこう。
土地白書 （国土交通省）	●例年５月〜６月頃に、公表される。 ●なかでも「**土地取引件数（売買による所有権の移転登記の件数）**」が最もよく出題されている。出題ポイントとなるのは、その「**総数**」と「**対前年比の増減率**」「**何年連続（何年ぶり）の増加（減少）**」という傾向である。 ● H28・R2・R3は、「土地利用の概況」から出題された。
建築着工統計 （国土交通省）	●出題ポイントは、**新設住宅着工戸数**の「**コメント**」、「**総数**」と「**対前年（度）比の増減率**」「**何年連続（何年ぶり）の増加（減少）**」という傾向である。また、**持家・分譲住宅・貸家**といった利用関係別の傾向（それぞれの増・減）について出題されることも多いので、注意が必要である。 ◆「**建築着工統計・令和５年計**」に関しては、本書執筆時に既に公表されているので、次に掲げておく。 【**建築着工統計・令和５年計**（令和6年1月31日公表、国土交通省）】 令和５年の新設住宅着工は、**持家・貸家・分譲住宅**が減少したため、**全体で減少**となった。 ●**新設住宅着工総戸数**……約**82.0万戸**。対前年比では、**4.6%減**となり、**３年ぶりの減少** ●**利用関係別戸数** ① **持家**………対前年比**11.4%減**、**２年連続の減少** ② **貸家**………対前年比**0.3%減**、**3年ぶりの減少** ③ **分譲住宅**……対前年比**3.6%減**、**3年ぶりの減少**

法人企業統計 （財務省）	● 例年9月～10月頃に公表される。したがって、この統計は、公表時期との関係で、試験実施の**前年**に公表されたデータから出題される。 ● 試験の性質として、「**不動産業**」に関するものから出題されるが、なかでも、出題ポイントは、「**売上高**」と「**経常利益**」に関する、それぞれの「**値**」と「**対前年度比の増減率**」「**何年連続（何年ぶり）の増加（減少）**」という傾向である。 ◆「**令和4年度法人企業統計**」に関しては、本書執筆時に既に公表されているので、次に掲げておく。 【令和4年度法人企業統計（令和5年9月1日公表、財務省）】 ●「**売上高**」……………………約46兆3,000億円。対前年度比4.8%の**減少**で、**2年ぶりの減少** ●「**経常利益**」……………約5兆9,000億円。対前年度比2.0%の**減少**で、**3年ぶりの減少** ●「**営業利益**」……………約4兆7,000億円。対前年度比 ※R3（10月）のみの出題　13.2%の**減少**で、**3年ぶりの減少** ●「**売上高経常利益率**」……12.8%。対前年比0.3%の**増加**で、 ※H27、R2（10月）、　**3年連続の増加** 　R2（12月）、R5の出題 ●「**売上高営業利益率**」………10.1%。対前年比1.0%の**減少** ※R2（12月）、R5　で、**3年ぶりの減少**
国土交通白書 ・宅地建物取 引業法の施行 状況調査 （国土交通省）	● 国土交通白書は、6月～7月に公表されることが多い。 ● 出題ポイントは、「**宅地建物取引業者数**」の「**総数**」と「**増減傾向**」である。なお、毎年出題されるのではなく、**数年に1度**のペースで出題されていることに注意。 ● 宅地建物取引業者数に関しては、国土交通省より、例年、**前年の9月～10月**に公表されている「**宅地建物取引業法の施行状況調査**」を出典として出題されることもある（両者の内容は基本的に同一）。 ◆「**令和4年度宅地建物取引業法の施行状況調査**」に関しては、本書執筆時に既に公表されているので、次に掲げておく。 【令和4年度宅地建物取引業法の施行状況調査（令和5年10月4日公表、国土交通省）】 ● 令和4年度末（令和5年3月末）現在の**宅地建物取引業者数**は、**約12万9,600（129,604）業者**で、**9年連続**で増加。

さくいん

日建学院なら、あなたに合った宅建士講座が必ず見つかります！
詳しくは次のページをご覧ください。

それぞれの＋αとは？

過去問をあまりやらなかった1年目。
2年目は問題集中心の学習方法で合格！

合格者の
声
02

宅建士合格
田谷野 史織さん

　宅建士を目指した理由は単純で、その職業名がかっこよく、同級生の中にも宅建士を持っている人がいなかったからです。学習を本格的に始めたのは中3の春からで、それまでは中2の夏から何となく勉強を始めていました。

　2回目の試験で合格しましたが、1年目はどれだけ努力しても結果が出ませんでした。失敗の要因は、問題集をあまり使わなかったことだと思います。特に「特別法」と「税法」の分野は理解できていませんでした。そこで、過去問を解くことに専念し、わからない部分は問題の傾向や用語、キーワードの使い方、注意点を把握 ←ココが+α し、問題を覚えるほど努力しました。そ

うすることで、2年目は高得点が取れるようになりました。問題集の活用と、過去問のくり返しと日々の学習の積み重ねが成績アップにつながったのだと思います。

　日建学院を選んだのは以前父も通っていて薦められたからです。問題集が良かったのはもちろんのこと、小テストごとに貼り出される得点表や、模擬試験ごとに順位が出る分析表があります。成績上位者との比較ができる環境を求めて、クラスの人数が多そうな校舎を選んだことは、私にはとても良い刺激になりました。

宅地建物取引士講座コース

日建学院では様々なコースを用意しています。ご自分のペース、スタイルに合った最適なコースをお選びくだ

		2023年 10月中旬～	2024年 1月	2月	3月	4月	5月	6月

スーパー本科コース　通学　Web　教育訓練給付制度 ※

早めのスタートを切り万全の準備をする方へ

本科コースに「早期対策講義」「要点解説講義」「ズバリ解説」のオプションをセットに。
早めのスタートを切って万全の準備を整えられるプレミアムなコースです。
※教育訓練給付制度の対象にセットオプションは含まれません。

4月下旬～　本講義
セットオプション

本科コース　通学　Web　教育訓練給付制度

基礎からじっくり学びたい方へ

6ヵ月で基礎から応用まで段階的に学習ができるスタンダードコースです。
合格に必要な知識を着実にインプットし、合格力を身につけます。

4月下旬～　本講義

短期集中コース　通学　Web　教育訓練給付制度

重要ポイントを集中的に学びたい方へ

受験対策に欠かすことのできない科目ごとの重要ポイントを集約した
短期コースです。本試験に挑む万全の態勢を整えます。

6月中旬

直前対策コース　通学　Web

演習で実践力を身につけたい方へ

本試験直前の対策として、答案演習により確実な知識を身につけるコースです。
インプットとアウトプットの繰り返しで、実践力を養います。

直前攻略コース　通学　Web

試験直前の総仕上げをしたい方へ

本試験直前3週間のラストスパートコースです。
模擬試験と解説講義の繰り返しによって、本試験への総仕上げを行います。

重点Webコース　Web　教育訓練給付制度

自分のペース、理解度に合わせて学習したい方へ

基礎から実践的な答案演習まで、動画を中心に構成されたWeb講義。
自分の理解度に合わせ、いつでも、何度でも反復が可能です。

1月下旬～当年度講義
入門民法①　前年度版
入門民法②　1月下旬～
アプローチ主要科目　3月上旬～
本講義

通信合格コース　通信　教育訓練給付制度

自宅学習で時間を有効利用したい方へ

メイン教材は日建学院通学生と同じ。
どうしても通学が難しい方、限られた時間を有効活用したい方におすすめです。

2月中旬　5月中旬
第一回目教材

スーパー本科コース セットオプション内容

	2023年 10月中旬	2024年 1月		2月		4月

入門民法①（前年度版）
1月下旬～　早期対策講座
入門民法②（新年度版）
3月上旬～　アプローチ主要科目配信開始

ガイド

日建学院

日建学院コールセンター ☎ **0120-243-229**

株式会社建築資料研究社　東京都豊島区池袋2-50-1　受付／AM10:00~PM5:00(土・日・祝日は除きます)

| 9月 | 10月 | 本試験 |

10月上旬 直前攻略

早期対策	2023年10月中旬~
開講日	2024年4月下旬~
学習期間	約6ヵ月(週1回または2回通学)
受講料	一般／**280,000円** 学生／**170,000円**

(税込・教材費込 一般／308,000円 学生／187,000円)

10月上旬 直前攻略

開講日	2024年4月下旬~
学習期間	約6ヵ月(週1回または2回通学)
受講料	一般／**230,000円** 学生／**120,000円**

(税込・教材費込 一般／253,000円 学生／132,000円)

オプション
■「入門民法・アプローチ主要科目」20,000円(税込 22,000円)
■「要点解説」50,000円(税込 55,000円)
■「ズバリ解説」30,000円(税込 33,000円)

10月上旬 直前攻略

開講日	2024年6月中旬~
学習期間	約4ヵ月(週1回または2回通学)
受講料	一般／**180,000円** 学生／**100,000円**

(税込・教材費込 一般／198,000円 学生／110,000円)

オプション
■「ズバリ解説」30,000円(税込 33,000円)

10月上旬 直前攻略

開講日	2024年8月上旬~
学習期間	約2ヵ月(週1回または2回通学)
受講料	**120,000円** (税込・教材費込 132,000円)

オプション
■「ズバリ解説」30,000円(税込 33,000円)

10月上旬 直前攻略

開講日	2024年10月上旬
学習期間	約3週間
受講料	**50,000円** (税込・教材費込 55,000円)

オプション
■「ズバリ解説」30,000円(税込 33,000円)

当初試験機関が公表した
本試験日当日まで配信

講座配信日	2023年10月中旬~
	2024年度本試験日当日まで
受講料	一般／**100,000円** 学生／**80,000円**

(税込・教材費込 一般／110,000円 学生／88,000円)

教材発送日	2024年2月中旬~
学習期間	約8ヵ月
受講料	**38,000円** 学生／**30,000円**

(税込・教材費込 41,800円 学生／33,000円)

オプション
■「ズバリ解説」30,000円(税込 33,000円)

※詳細は最寄りの日建学院にお問い合わせください。

Web配信は当初試験機関が公表した本試験日当日まで

| 5月 | 6月 | 10月 |

要点解説講義

ズバリ解説 (4月中旬より随時)

試験直前の総仕上げ!

日建学院の公開模擬なら
全国規模の実力診断!!

全国統一
公開模擬試験

試験日

2024年 10月6日 (日) 【予定】

※各校により実施日が異なる場合がありますので、受験校にご確認ください。

詳細な個人分析表で
現状の弱点と立ち位置を把握

左より順に、「得点」・「平均点」・「偏差値」そして「受験者数とその中の順位」を表示します。

合格の可能性をA~Dの4つのランクで表示します。

試験結果に対するコメント。試験の評定をこちらに表示します。

過去に受験した、模擬テストの得点履歴もこの欄に表示します。

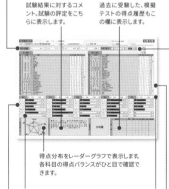

得点分布をレーダーグラフで表示します。各科目の得点バランスがひと目で確認できます。

基礎力・応用力が各科目別にパーセントで表示され、学習理解度が把握できます。

各分野別に、受験者数とその中での順位をここに表示します。

得点から偏差値までの4つの項目を棒グラフで見やすく表示します。

多くの受験者が正解した、正答率の高い問題を誤答すると、不得意分野として正答率の隣に★印が表示されます。この★の分野・分類を優先して復習することが、学習する上でとても重要です。

■正誤等に関するお問合せについて

　本書の記載内容に万一、誤り等が疑われる箇所がございましたら、**郵送・FAX・メール等の書面**にて以下の連絡先までお問合せください。その際には、お問合せされる方のお名前・連絡先等を必ず明記してください。また、お問合せの受付け後、回答には時間を要しますので、あらかじめご了承いただきますよう、お願い申し上げます。

　なお、正誤等に関するお問合せ以外のご質問、受験指導および相談等はお受けできません。そのようなお問合せにはご回答いたしかねますので、あらかじめご了承ください。

お電話によるお問合せは、お受けできません。

[郵送先]
〒171-0014
東京都豊島区池袋2-38-1　日建学院ビル3F
建築資料研究社 出版部
「2024年度版 どこでも！学ぶ宅建士 出るとこポイント超整理」正誤問合せ係
[FAX]
03-3987-3256
[メールアドレス]
seigo@mx1.ksknet.co.jp

メールの「件名」には、書籍名の明記をお願いいたします。

■本書の法改正・正誤等について

　本書の発行後に発生しました令和6年度試験に関係する法改正・正誤等についての情報は、下記ホームページ内でご覧いただけます。

　なお、ホームページへの掲載は、対象試験終了時ないし、本書の改訂版が発行されるまでとなりますので、あらかじめご了承ください。

https://www.kskpub.com　➡　お知らせ（訂正・追録）

＊装　　丁／広田 正康
＊イラスト／株式会社アット
　　　　（イラスト工房　http://www.illust-factory.com）

日建学院「宅建士 一発合格！」シリーズ

2024年度版　どこでも！学ぶ宅建士
法改正対応 出るとこポイント超整理

2024年3月15日　初版第1刷発行

編　著　日建学院
発行人　馬場 栄一
発行所　株式会社建築資料研究社
　　　　〒171-0014　東京都豊島区池袋2-38-1
　　　　日建学院ビル3F
　　　　TEL：03-3986-3239
　　　　FAX：03-3987-3256
印刷所　株式会社ワコー

©建築資料研究社 2024　　ISBN978-4-86358-928-5 C0032
〈禁・無断転載〉